Sylvia Mayrhofer

Es tut sich was im grünen Gras

Sylvia Mayrhofer

Es tut sich was im grünen Gras

Frühling und Ostern in der Kita
Spiele, Lieder, Geschichten und Aktionen

FREIBURG · BASEL · WIEN

© Verlag Herder GmbH, Freiburg im Breisgau 2012
Alle Rechte vorbehalten
www.herder.de

Umschlaggestaltung: SchwarzwaldMädel, Simonswald
Layout und Satz: Arnold & Domnick, Leipzig
Umschlagbild und Illustrationen: Irene Sarre, Freiburg
Lektorat: Pia Haferkorn, Freiburg

Herstellung: Graspo CZ, Zlín
Printed in the Czech Republic

ISBN 978-3-451-32451-2

Inhalt

Vorwort 8

Elternbriefe

Endlich Frühling! 9

Osterbräuche.. 10

Das hell strahlende Osterlicht 12

Arbeitsblätter

Blumenwiese... 13

Frühlingsblumen 14

Osterei... 15

Hasenparade... 16

Viele bunte Eier.. 17

Puzzle-Ei... 18

Der verzauberte Osterstrauch 19

Gedichte

Ostersonntag.. 20

Hasengedicht.. 20

Fingerspiele

Im Moos 21

Der Amselvater und seine Kinder 21

Hase im Versteck 22

Hasenmann und Hasenfrau 22

Flinke Hühner 23

Blumen-Überraschung... 23

Wie die Blume wächst 24

Lieder

Liebes Amselpaar 25

Die Osterwoche. 26

Der Hase Purzel 27

Osterhase, Osterei. 28

Schnupselhase 29

Spiellieder

Die kluge Schnecke 30

Frühlingszauber 30

Schattentheater

Die traurige Margerite 32

Die Henne im Nest. 36

Puppentheater

Eierköpfchen Jimmy und Susi. 39

Geschichten

Schnupsel folgt dem Regenbogen. 41

Die Amseleltern Miep und Merle 42

Bewegungsgeschichten

Das Vogelnest 44

Auf der Frühlingswiese 46

Massagegeschichte: Das Gewitter 47

Das Schneeglöckchen. 48

Spielen und Lernen

Körperteile benennen und spüren 49

Blumenballon. 49

Was gehört dazu? 50

Der Vogel Zuriwitt 51

Lauf schnell hin! (Frühlingsbegriffe) 51

Brettspiel: Blumenwiese. 52

Bewegungsspiele

Sonnentanz 54

Das Blumenstrauß-Spiel 54

Fuchsbau 56

Hasenwettlauf 56

Vogelscheuchen 57

Diebische Elster 57

Frühlingserwachen 58

Rhythmik

Eine große Hasenfamilie 59

Welche Farbe hat mein Ei? 61

Bewegungsstunden

Ostereierstaffel 63

Jetzt ist Frühling! 64

Hoppeln, Fliegen, Schwimmen, Krabbeln 66

Tücherparcours 69

Malgeschichten

Das Vogelnest 72

Der Hahn 72

Basteleien

Hyazinthen auf der Wiese 73

Tulpe 74

Osterhasen-Stab 75

Hahnenkörbchen 76

Faltfrösche und Vögel 78

Vorwort

Die Natur erwacht zu neuem Leben und die Sonne lockt uns nach draußen – erste Blumen und fröhliches Vogelgezwitscher wecken unsere Vorfreude auf das Osterfest. Mit seiner bunten Palette von Spielideen und Angeboten soll Ihnen dieses Buch ein praktischer und inspirierender Begleiter für die Frühlings- und Osterzeit in der Kita sein.

Die hier vorgestellten Bewegungsspiele, Geschichten, Lieder und kreativen Lern- und Gestaltungsangebote sprechen alle Sinne an und orientieren sich eng am Erleben der 3–6-Jährigen. Sie entstammen meiner langjährigen Praxis als Erzieherin im Kindergarten, sind leicht umsetzbar und erfahrungsgemäß sehr beliebt bei den Kindern.

Einen besonderen pädagogischen Schwerpunkt bildet die ganzheitliche Sprachförderung: Geschichten werden mit Bewegung, Rhythmik, Musik und Rollenspiel verbunden und gezielte Wortschatzförderung findet bei zahlreichen Spielen quasi nebenbei statt.

Kindgerecht gestaltete Arbeitsblätter wecken die Neugier der Vorschulkinder, fördern selbstständiges Arbeiten und bieten auf spielerischer Ebene vielfältige kognitive und feinmotorische Übungsmöglichkeiten.

Nicht zuletzt fördert die vielfältige Auseinandersetzung mit dem Thema Frühling und Ostern das intensive und bewusste Wahrnehmen der Umwelt und das Wissen um überliefertes Brauchtum und christliche Traditionen.

Zum Einstieg ins Thema sollen Ihnen drei Vorschläge für Elternbriefe mit unterschiedlichen Themenschwerpunkten als inhaltliche Anregung dienen – natürlich hat jedes Team sein eigenes Profil in der Zusammenarbeit mit Eltern, das sich auch in einer individuellen Ansprache wiederspiegelt.

Ich wünsche Ihnen viel Spaß und Inspiration beim Stöbern in diesem Buch und beim Ausprobieren der vorgestellten Ideen. Und vor allem eine erlebnisreiche und fröhliche Frühlings- und Osterzeit mit den Kindern!

Sylvia Mayrhofer

Elternbrief

Endlich Frühling!

Liebe Eltern,

jedes Jahr erleben wir aufs Neue das Erwachen der Natur. Das Zwitschern der Vögel, die wärmenden Sonnenstrahlen und die Farben der ersten Blüten machen uns froh und beleben unsere Sinne nach den kalten, tristen Wintermonaten. Teilen Sie bei einem Spaziergang die Eindrücke dieser herrlichen Jahreszeit mit Ihrer Familie.

Wir wünschen Ihnen eine wunderschöne Frühlingszeit – und dass Sie auch das Wachsen und Werden Ihres Kindes mit Staunen und Freude wahrnehmen!

Ihr Kindergartenteam

Elternbrief

Osterbräuche

Liebe Eltern,

das Osterfest ist mit zahlreichen Bräuchen verbunden, auf die wir uns mit den Kindern jedes Jahr wieder freuen. Die meisten dieser Bräuche sind schon vor Jahrhunderten entstanden und werden von Generation zu Generation weitergegeben.

Palmbuschen

Viele Gegenden haben eine eigene Bindeform dieser grünen Büschel, die am Sonntag vor Ostern an den begeistert gefeierten Einzug Jesu in Jerusalem erinnern sollen. Palmweidenruten, Buchsbaum-, Wacholder-, Eibe-, Zeder- und Thujenzweige werden mit bunten Bändern an Haselnussstecken gebunden. In vielen Gegenden werden auch bemalte Eier als zusätzlicher Schmuck eingearbeitet; der geweihte Palmwedel soll Haus und Grund Segen bringen und beides vor Unheil bewahren.

Osterspaziergang

Zum Herumflanieren fehlt die Zeit – sie wird für die Arbeit benötigt, hieß es früher. Doch zu Ostern, zur Feier der Auferstehung Jesu und des Wiedererwachens der Natur, ist es eine uralte Tradition, sich Zeit zum Spazieren und Staunen zu gönnen und die ersten Sonnenstrahlen zu genießen.

Osterstrauch

Als typischer Osterschmuck zu Hause werden Sträuße von Frühlingsblüher-Zweigen

(z. B. Kirsche, Forsytie, Haselnuss) mit bemalten Ostereiern behängt. Manche Ostereier sind oft wahre Kunstwerke.

Osterhase

Im Frühling kommen Feldhasen und Wildkaninchen bei ihrer Futtersuche oft in die Nähe von Anwesen – daraus entstand die Mär der Ostereier bringenden Osterhasen. Der Hase wird wegen seiner Fruchtbarkeit (er bringt mehrmals jährlich Junge zur Welt) sinnbildlich für die Erneuerung des Lebens angesehen.

Osterei

Das Ei ist ein heidnisches Symbol für Fruchtbarkeit und Leben. Es wurde vom heidnischen Frühjahrs-Brauchtum in die christliche Ostertradition überführt. Ostereier werden auf verschiedenste Arten gefärbt oder bemalt, um dann versteckt, gefunden und verspeist zu werden.

Osterlamm

Das Lamm erinnert als traditionelles Opfertier an den Opfertod Jesu (er wird in der hl. Messe auch „Lamm Gottes" genannt). Das Osterlamm wird als Gebäck aus Biskuitteig zu Ostern gerne verschenkt.

Osterkerze

Die Osterkerze dient als Symbol für die Auferstehung Jesu. Ihr Licht symbolisiert Hoffnung, Freude und Lebendigkeit. Der Brauch, Osterkerzen zu entzünden, wurde schon im 4. Jahrhundert schriftlich erwähnt.

Elternbrief

Das hell strahlende Osterlicht

Liebe Eltern,

mit der Osterkerze feiern wir die Auferstehung Jesu. Das Licht symbolisiert Hoffnung, Freude und Lebendigkeit. Nicht umsonst feiern wir das Osterfest im Frühling, wenn auch in der Natur Licht und Leben neu erwachen. Auch unsere Beziehung zu unseren Mitmenschen und besonders zu den Kindern können wir lebendig erhalten und neu aufleben lassen – durch Gesten der Zuneigung, durch Freundlichkeit, durch ein Lächeln oder ein liebes Wort. Auf diese Weise können wir selbst etwas vom Licht und von der Freude zu Ostern weitergeben.

Wir wünschen allen Familien ein frohes und friedliches Osterfest!

Ihr Kindergartenteam

Arbeitsblatt

Blumenwiese

Male die Blüten farbig aus. Jede Sorte soll ihre eigene Farbe bekommen, z. B.:

• = Gelb   •• = Lila   ∴ = Rot   ∷ = Blau   ⋰⋱ = Orange

Tipp: Während Sie den Kindern die Anweisung vorlesen, können diese sich als Gedächtnisstütze jeweils eine der benannten Blumen mit dem entsprechenden Farbstift markieren.

Arbeitsblatt

Frühlingsblumen

Ziehe mit einem violetten Farbstift von jedem Krokus eine Linie zur Krokusvase. Verbinde auch die anderen Blumen mit der entsprechenden Vase; benutze für die Tulpen einen roten, für die Schneeglöckchen einen gelben und für die Margeriten einen grünen Stift.

Arbeitsblatt

Osterei

Ziehe das Osterei ein paar Mal schwungvoll mit deinen Lieblingsfarben nach. Danach kannst du es noch mit Stempeln verzieren.

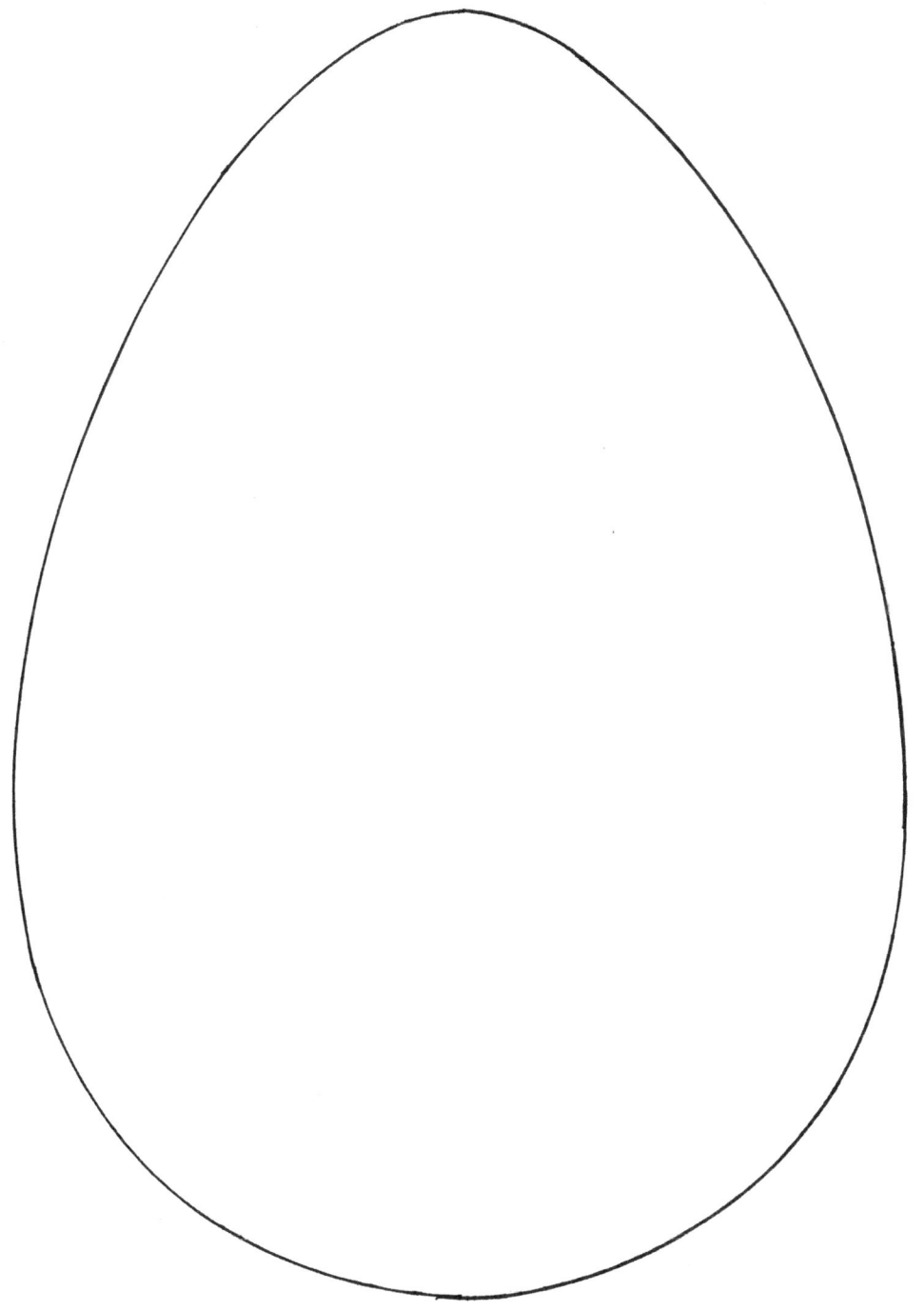

Arbeitsblatt

Hasenparade

Male die Schleife des Hasen mit dem geknickten Ohr rot an, das längste Barthaar blau, die kürzesten Ohren grün, die geschlossenen Augen lila, den Bart mit den meisten Haaren orange und das hängende Ohr gelb.

Arbeitsblatt
Viele bunte Eier

Bemale die Eier immer in der gleichen Reihenfolge, z. B.:
rot – blau – gelb – grün; rot – blau – gelb – grün; …

Arbeitsblatt

Puzzle-Ei

Schneide die Teile aus und setze sie zu einem Osterei zusammen.

Arbeitsblatt
Der verzauberte Osterstrauch

Male die runden Ostereier rot aus, die ovalen gelb, die dreieckigen blau und die viereckigen grün.

Gedichte

Ostersonntag

*Die Frühlingssonne hat mich geweckt –
ist das Osternest schon versteckt?*

*Irgendwo in unserem Garten –
ich will es suchen, kann's kaum mehr erwarten!*

*Ist es vielleicht hinterm Gartentor,
schaut es zwischen den Tulpen hervor?*

*Da blitzt doch was golden hinterm Gebüsch –
ein Schokohase und ein Küken aus Plüsch!*

*Und dort drüben, hinter dem Strauch
ist noch etwas, seht ihr es auch?*

*Ein Osterkörbchen, gefüllt mit mancher Köstlichkeit.
Oh, du schöne Osterzeit!*

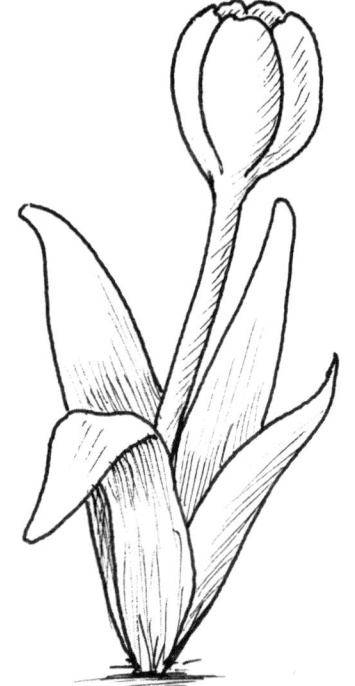

Hasengedicht

*Lieber kleiner Osterhase
mit der weichen Stupsnase,*

*dein Schwänzchen wackelt,
wenn du durch den Garten saust
und uns Kindern heimlich Nestchen baust.*

*Legst du gute Sachen hinein?
Vielleicht auch ein paar Spielereien?*

*Wir freuen uns darüber sehr!
Dann hüpfst du davon –
und wir schauen staunend hinterher.*

Fingerspiel

Im Moos

Im Moos versteckt, da liegt ein Ei.　　　　Mit den Fingern mitzählen
Hinterm Strauch liegt Nummer Zwei.
Ein drittes versteckt sich unter Zweigen,
das vierte liegt dort bei den Weiden.
Nummer Fünf, pass nur gut auf,
liegt auf dem hohen Grasbüschel drauf.

Fingerspiel

Der Amselvater und seine Kinder

Der Amselvater pickt Körner und Würmer auf,	Mit Daumen und Zeigefinger
seine Kinder warten hungrig darauf.	auf dem Obeschenkel „picken"
Das erste piepst und schreit:	Einen Daumen hochhalten
„Wann ist es denn soweit?!"	
Das zweite flattert auf und ab,	
und sein Schnabel macht „schnapp – schnapp".	Daumen und Zeigefinger mehrmals öffnen und schließen
Das dritte sitzt still im Nestchen drin:	
„Weil ich so müde bin!"	Handflächen aufeinanderlegen und an die Wange halten
Und das vierte Amselkind	
lässt seine Flügel flattern im Wind.	Flugbewegung mit beiden Armen
Das fünfte breitet auch seine Flügel aus	
und ruft: „Ich flieg' in die Welt hinaus!"	Mit Flugbewegung durch den Raum laufen

[Fingerspiel]

Hase im Versteck

*Hinter einem kleinen Hügel　　　　　　　　*Eine Faust ist der Hügel, die zweite
*schaut etwas hervor:　　　　　　　　　　*Hand versteckt sich dahinter.

*Zuerst eins und dann ein zweites　　　　　*Zuerst den Zeigefinger, danach
*langes, spitzes Ohr.　　　　　　　　　　*den Mittelfinger hochstrecken

*Der Hase hält sich gut versteckt,　　　　　*Abwechselnd beide Finger
*nur ab und zu den Fuchs er neckt.　　　　*hochstrecken und senken

*Doch jetzt hüpf' los, sei schlau!　　　　　*Zeige- und Mittelfinger hüpfen
*Der Fuchs kommt schon aus seinem Bau.　*im Zick-Zack davon.

[Fingerspiel]

Hasenmann und Hasenfrau

Die rechte Hand spielt den Hasenmann, die linke die Hasenfrau. Die Hände sind zu Beginn weit auseinander. Mann und Frau werden mit tiefer und hoher Stimme gesprochen.

Hasenmann:　„Hallo, liebe Hasenfrau, komm mit, ich habe Karotten in meinem Bau!"

Hasenfrau:　„Ach nein, mein Lieber, komm doch zu mir herüber! Ich will tanzen und lachen und einen Purzelbaum machen." (Sie bewegt sich hin und her.)

Hasenmann:　„Ja, gerne – ich hol dir vom Himmel die Sterne! Ich will auch mit dir tanzen und lachen, und ich kann besonders schön Männchen machen!" (Er hüpft langsam in Richtung Hasenfrau.)

Hasenfrau:　„Pass auf, der Fuchs ist hinter dir, hüpfe bitte schnell zu mir!" (Der Hasenmann hüpft schneller.)
„Ich will doch mit in dein Versteck, komm wir müssen ganz schnell weg!" (Beide hüpfen zusammen weg.)

Fingerspiel

Flinke Hühner

Eins, zwei, drei, vier
braune Hühner stehen hier.

Mit den Fingern zählen

Die Stange hinunter und heraus
aus dem schützenden Hühnerhaus.
Sie picken hier und picken dort,
Körner gibt's an jedem Ort
Voll und satt ist nun ihr Bauch,
der Fuchs lauert hinterm Haselstrauch.

Mit der rechten Hand 4x den
linken Arm „hinuntertrippeln"
mit Zeigefinger und Daumen
„picken"
Eine Hand kreist auf dem Bauch.

Husch, husch schnell weg –
sucht euch ein gutes Versteck!

2x in die Hände klatschen
Hände hinter den Rücken

Fingerspiel

Blumen-Überraschung

Vorbereitung: Fünf Blüten auf Papier zeichnen und ausschneiden; rot, blau, lila, orange und gelb bemalen. Den mittleren Kreis jeweils ausschneiden und die Blumen auf die Fingerspitzen einer Hand stecken.

Das erste Blümlein lächelt mir zu.
Das zweite sagt: „Ich bin schöner als du!"
Das dritte meint: „Streitet nicht, ihr zwei!"
Das vierte ruft: „Das ist doch einerlei!"

die Finger nacheinander
nach oben strecken

Das fünfte, ein gelbes Blümlein schaut heraus:
„Alle zusammen sind wir doch
ein wundervoller Blumenstrauß!"

Fingerspiel

Wie die Blume wächst

Liegt der Samen in der Erde,	Die linke Hand zu einer Schale formen
kommt auch schon der Sonnenschein,	Die Finger der rechten Hand zappeln über der linken.
dass der Keim sich öffnen werde,	Die Schale schließt sich zur Faust und öffnet sich wieder.
wenn die Wärme dringt hinein.	Die zweite Hand bedeckt die „Schale".
Die Blume wächst nun langsam,	und geht langsam nach oben.
entfaltet ihre Pracht,	Die Handflächen aneinanderlegen
sie öffnet ihre Blüte,	und nach oben hin öffnen
sie freut sich, und sie lacht.	

Liebes Amselpaar
Text und Melodie: Sylvia Mayrhofer, Satz: Gertrude Lischka

Refrain: Ti-ri-li, ti-ri-la, liebes Amselpaar, ihr beide seid einfach wunderbar. Ti-ri-li, ti-ri-la.

1. Amselmama und Amselpapa sind immer für euch da. Sie haben das Nestchen voll Eifer gebaut nach Gräsern, Federn und Moos geschaut.

2. *Die Suche nach Würmern fällt ihnen oft sehr schwer, unermüdlich arbeiten sie und bemühen sich sehr.*

3. *Ist die Arbeit des Tages dann endlich getan, fängt bei Sonnenuntergang ihre Nachtruhe an.*

4. *Sie wünschen ihren Jungen eine gute, ruhige Nacht und geben auch zu jeder Zeit auf sie Acht, auf sie Acht.*

5. *Sie zwitschern und trällern sich liebevoll zu, nun macht ihr lieben Kinderlein eure Augen zu.*

Lied

Osterwoche
Text und Melodie: Sylvia Mayrhofer, Satz: Gertrude Lischka

1. Am Mon-tag pflückt die Lie-se Gän-se-blüm-chen von der Wie-se.

Jede Strophe wird summend und mit Trommelbegleitung wiederholt.

2. Am Dienstag sät sie Kresse an,
   mit der sie das Butterbrot belegen kann.

3. Am Mittwoch malt sie Eier an,
   draußen zwitschert der Amselmann.

4. Am Donnerstag sucht sie nach altem Brauch
   grüne Zweige für den Osterstrauch.

5. Am Freitag singt sie im Kindergarten,
   das Osterfest kann sie kaum erwarten.

6. Am Samstag lädt sie Freunde ein,
   alle sollen willkommen sein.

7. Am Sonntag feiern sie das Fest
   und Liese sucht das Osternest.

Tipp: Das Lied kann auch getanzt werden. Die Kinder gehen dazu im Kreis. Je nach Anzahl und Alter der Kinder können evtl. zwei Kreise (Innen- und Außenkreis) gebildet werden, die sich in entgegengesetzter Richtung bewegen. Immer wenn eine Strophe summend (mit oder ohne Trommelbegleitung) wiederholt wird, ändern die Kinder die Bewegungsrichtung. Wenn das gut klappt, können sie sich zusätzlich immer dann verbeugen, wenn ein Wochentag genannt wird.

Lied
Der Hase Purzel
Text und Melodie: Sylvia Mayrhofer, Satz: Gertrude Lischka

1. Hüpf' ich durch das grüne Gras, falle dabei auf die Nas',
denn mein großer Übermut tut mir manchmal gar nicht gut.

Nach jeder Strophe schlägt die Erzieherin (oder ein Kind) einen „Trommelwirbel" auf dem Tamburin; dazu hüpfen die Kinder wie Hasen durch den Raum. Wenn das Tamburin verstummt, setzen sich alle wieder hin.

2. Purzel nennen mich hier alle,
weil ich so oft niederfalle.
Treibe manchmal tolle Sachen,
spiel' am liebsten „Männchen machen".

3. Lustig ist das Hasenleben
meine Läufe* muss ich heben,
mich in manchen wilden Zeiten
auch mit meinen Freunden streiten.

*Begriff aus der Jägersprache für die Beine des Hasen.

Lied

Osterhase, Osterei
Text und Melodie: Sylvia Mayrhofer, Satz: Gertrude Lischka

Als Begleitinstrumente können Klanghölzer, Triangeln, Glöckchen und verschiedene Rasseln verteilt werden. Ein oder mehrere Xylophone können zum Refrain „Osterhase, Osterei, ..." eine einfache Begleitmelodie spielen (siehe unten).
Die Kinder mit den Hand-Instrumenten gehen während des Refrains singend und musizierend durch den Raum. Die Strophen werden abwechselnd von verschiedenen Instrumenten begleitet.

1. *Ich suche euch – hei, das macht Spaß!* (Klanghölzer)
   Liegt ihr dort im grünen Gras?

2. *Ein kleiner, bunter Schmetterling*
   führt mich zu den Blumen hin. (Triangel und Glöckchen)

3. *Ihr wart wirklich gut versteckt,* (verschiedene Rasseln)
   doch jetzt hab ich euch entdeckt!

Lied

Schnupselhase
Text und Melodie: Sylvia Mayrhofer, Satz: Gertrude Lischka

Vorspiel: D A | D D A

1. Ich armer, kleiner Schnupselhase sitze zitternd und klitschnass mit meiner kleinen Schnüffelnase unterm Busch im weichen Gras.

2. Am Himmel steht ein Regenbogen
in Rot, Gelb, Grün, Blau, Violett.
Ich schaue immer nur nach oben
und hopse durch das Wiesenbett.

3. Nun geht's hinab ins grüne Tal,
ich schaue gar nicht mehr zurück.
Folge nur dem Farbenstrahl,
vor mir sitzt nun mein Hasenglück.

> Spiellied

Die kluge Schnecke Text und Melodie: Sylvia Mayrhofer, Satz: Gertrude Liscka

Vorspiel: C (G)

Ich trag mein Haus mit mir her-um, das macht gro-ßen Spaß. And're hal-ten mich für dumm, da-für wer-de ich nicht nass. Denn mein Haus be-schützt mich im-mer, ha-be ich auch nur ein Zim-mer. Schne-cken-tem-po, das ist fein, manch-mal will ich lang-sam sein.

So geht's: Das Lied wird mehrfach wiederholt. Währenddessen bilden wir eine lange Reihe, die Hände werden auf die Schultern des Vordermannes gelegt. Wir bewegen uns ganz langsam fort und drehen uns schließlich zu einer „Schnecke" ein.

> Spiellied

Frühlingszauber Text und Melodie: Sylvia Mayrhofer, Satz: Gertrude Lischka

Material: ein ca. 60–70 cm langes Stück grüne Krepppapier-Rolle für jedes Kind, eine Nähnadel und starken Heftfaden, Schere und Klebstoff, Papierblüten (4–5 pro Kind), Stoffreste

Vorbereitung: Die Kinder können sich bei diesem Spiellied als Blumen verkleiden. Der grüne Krepppapierstreifen wird auseinandergerollt und an einer Längsseite 2 cm eingeschlagen (Faltstreifen). Diesen Faltstreifen mit einem Heftstich versehen und zu einer großen Halskrause binden. Zum Schluss noch zwei Armlöcher ausschneiden. Einen 2 cm breiten Stoffstreifen als Stirnband mit Papierblumen bekleben.

Refr.:

Frühlingszauber liegt in der Luft, — im Kreis stehen und beide Hände „V-förmig" nach oben strecken

wir Blumen locken mit unserm Duft. — sich einmal um die eigene Achse drehen

1. *Endlich komme ich aus dem Boden,* — sich aus der Hocke aufrichten
   mein Blütenkopf reckt sich nach oben. — den Kopf in den Nacken legen

2. *Die Hände reich' ich meinem Freund,* — einem anderen die Hände reichen
   fröhlich sind wir nun vereint. — sich gemeinsam im Kreis drehen

3. *Wenn im Winde wir uns wiegen,* — an den Händen gefasst im Wiegeschritt
   unsre Stängel sanft sich biegen. — hin- und herschaukeln

4. *Unsere Blätter zum Himmel zeigen,* — Hände nach oben strecken
   so tanzen wir den Blumenreigen. — im Gänsemarsch im Kreis gehen

| Schattentheater |

Die traurige Margerite

Vorbereitung: Zunächst schneiden Sie – evtl. zusammen mit einigen größeren Kindern – die Schattenspielfiguren (S. 34/35) aus und befestigen an jeder einen Schaschlikstab oder einen Kartonstreifen zum Fixieren oder Führen. Für den Aufbau der Schattenbühne benötigen Sie

- einen Tisch mit Frontabdeckung
- ein weißes Tuch (mind. 2x1m) mit Spannseil oder
- eine Leinwand
- 1 oder 2 helle Strahler

Erzähltext:

Mit trauriger Stimme und hängendem Köpfchen erscheint die Margerite:
„Oje, oje, ich bin so traurig! Meine Margeritenschwestern und ich stehen hier auf dieser Wiese. Unsere weißen Blütenblätter leuchten in der Frühlingssonne und wir möchten mit unserer Schönheit alle erfreuen. Meine Schwester, hinter mir auf der Wiese, ermahnt mich immer: ‚Streck' dein Köpfchen in die Höhe und schau nicht so traurig!' Aber ich kann doch nicht fröhlich sein, wenn ich sehe, dass saftiges Gras und viele herrliche Blüten zertrampelt und geknickt auf der Erde liegen."

Eine Katze erscheint und spricht mit schmeichelnder Stimme: „Hallo, meine schöne Margerite, warum lässt du dein weißes Köpfchen hängen?" *Margerite:* „Oh, Katerchen, kannst du uns helfen, damit die Menschen nicht immer so ungestüm über unsere Wiese laufen! Wenn wir verblüht sind, will der Bauer die Wiese mähen, er braucht uns und die saftigen Gräser als Futter für seine Kühe!" *Kater:* „Es tut mir leid, aber ich genieße es, von den Menschen gestreichelt zu werden und werde deshalb nicht meine Krallen zeigen. Frag doch das Hausschwein vom Bauern!"

Der Kater geht ab. Das Schwein erscheint mit grunzender Stimme:
„Oink, oink, oink – ich bin auf dem Weg zum Schweinestall und du siehst schon wieder so traurig aus. Was macht dir so großen Kummer?"
Margerite: „Liebes Schwein, kannst du die Menschen davon abhalten unsere Wiese niederzutrampeln?"

Schwein: „Oink-oink, leider nicht! Ich werde von den Menschen mit den feinsten Leckerbissen verwöhnt. Ich will es mir mit ihnen nicht verderben, frag doch das Pferd, vielleicht kann es dir helfen!"

Das Pferd erscheint und die Margerite fragt: „Liebes Reitpferd, kannst Du mir helfen? Sag' doch den Kindern, dass sie auf dem Spielplatz Fußball spielen sollen, anstatt hier auf der Wiese meine Schwestern und alle anderen Blumen und Gräser zu zertreten."

Das Pferd schnaubt: „Oh nein, wo denkst du hin! Ich werde gestriegelt und darf mit den Menschen die schönsten Reitausflüge machen. Frag doch den Hofhund, er bellt so laut und gilt als Beschützer des Hauses. Bestimmt kann er dir helfen!"

Der Hofhund kommt bellend und die Margerite fragt: „Lieber Hofhund, du bist so mutig, vielleicht kannst du mir helfen. Ich habe schon die Katze, das Hausschwein und das Reitpferd gefragt aber keiner von ihnen wollte mir helfen. Schaffst du es, die Menschen daran zu hindern über unsere Wiese zu laufen und alles niederzutrampeln?"

Der Hofhund antwortet mit knurrender Stimme: „Nein, nein auf gar keinen Fall, ich bekomme oft riesige Knochen und manchmal spielen die Menschen mit mir. Es tut mir wirklich leid, ich weiß aber auch nicht wer dir helfen kann, außerdem habe ich es sehr eilig, der Sohn vom Bauern kommt gleich nach Hause. Auf Wiedersehen wau, wau!"

Margerite jammernd: „Ach, es ist schrecklich, niemand will mir helfen! Jetzt habe ich alle Tiere gefragt, nun weiß ich mir keinen Rat mehr." *Kurze Pause*

Der Bauer erscheint: „Hallo, meine schöne Margerite, du lässt aber dein Köpfchen hängen. Warum bist du so traurig?"

Margerite: „Bauer, schau doch einmal deine Wiese an. Viele meiner Margeritenschwestern sind schon umgekommen, einfach zertreten und niemanden kümmert es!"

Bauer: „Doch, mich ärgert es auch, dass die Leute meine herrliche Wiese niedertrampeln – denn wenn ihr verblüht seid, will ich diese saftige Wiese doch mähen, um Futter für mein Vieh zu haben! Heute Nacht habe ich überlegt, wie ich helfen kann und mir ist auch etwas eingefallen: Ich werde einen Gartenzaun aufstellen, damit seid ihr und meine guten Gräser am besten geschützt." *Margerite:* „Oh, vielen Dank, lieber Bauer – jetzt kann ich wieder fröhlich sein!

Das Köpfchen der Blumenfigur richtet sich auf

Schattentheater
Die Henne im Nest

Vorbereitung: Schattenbühne aufbauen, Spielfiguren (S. 38) ausschneiden und mit Stäben oder Haltestreifen aus Karton versehen.

Tipp: Sie können die Schattenbühne auch aus einer Bananenschachtel herstellen. Dazu den Boden der Schachtel bis auf einen 10 cm breiten Kartonrand herausschneiden und die Öffnung mit Transparentpapier überkleben. Die Schachtelbühne auf einen Tisch oder ein Regal mit Frontabdeckung stellen und von hinten ausleuchten. Die Hennenfigur am Rand der Bühne fixieren.

Erzähltext:

Die Henne spricht mit ruhiger Stimme:
„Jetzt sitze ich hier tagein, tagaus – goo, go-go goo – und brüte auf diesem Nest meine Eier aus go-goo. Ich würde so gerne draußen im Garten in der Erde scharren und nach Würmern suchen. Aber wenn ich nicht auf meinen Eiern sitzen bleibe und sie mit meinem schönen Federkleid wärme, können meine lieben Kükenkinder nicht wachsen und aus dem Ei schlüpfen."

Der Hahn betritt die Bühne:
„Kikerikii, kikerikii! Meine Schöne, wie fleißig du bist! Ich habe leider keine guten Neuigkeiten. Beim Nachbarn hinter dem großen Teich war der Fuchs. Drei Hennen sind dort aus dem Hühnerstall verschwunden. Heute Morgen wurde dieser Bösewicht in der Nähe unseres Bauernhofs gesehen, und jetzt mache ich mir große Sorgen um euch."

Die Henne mit zittriger Stimme: „Go-goo, das ist ja furchtbar – was können wir tun, damit uns und unserem Nachwuchs kein Leid geschieht?"

Der Hahn wandert auf und ab: „Lass mich überlegen ... Kikeriki, kikeriki! Ich hab's! Ich verstecke euch unter Frühlingszweigen, die frischen grünen Blätter darauf sind so dicht – so kann euch der Fuchs nicht sehen!"

Der Hahn legt Frühlingszweige vor das Nest: „Wenn er kommt, musst du dich ganz ruhig verhalten. Jetzt muss ich aber nach den anderen Hühnern sehen und sie auch warnen."

Die Henne flüstert: „Ich verspreche dir, ich werde ganz still sitzen!"

(Der Hahn verlässt die Bühne – kurze Stille.)
Der Fuchs schleicht auf die Bühne und spricht mit tiefer Stimme: „Mmh, gestern habe ich mir beim Bauern leckere Hühnchen geholt und heute schaue ich mich hier ein wenig um." *Er schaut hinauf und hinunter.* „Ich sehe keine Hennen, aber meine feine Fuchsnase lässt mich nicht im Stich: Hier muss irgendwo eine Henne sein!"
Die Henne spricht mit leiser hoher Stimme: „Ich fürchte mich so sehr, hoffentlich sieht er mich nicht!"

Der Fuchs steht in der Mitte der Bühne, da ertönt eine lustige Stimme: „Hoppel-doppel, didel-dum, hoppel-doppel, didel-dum, ich hüpf auf diesem Hof herum. Hallo, Meister Reinecke, möchtest du statt einem Hühnchen nicht lieber einen viel größeren leckeren Hasen? Fang mich, wenn du kannst!" *Der Hase hüpft davon.*
Fuchs: „Na, warte du frecher Bursche, ich werde dich schon schnappen." *Der Fuchs folgt dem Hasen und verlässt die Bühne.*
Die Henne aufgeregt: „Goo, go-goo – der liebe Hase Purzel hat mir soeben das Leben gerettet. Hoffentlich entkommt er dem Bösewicht! Pst, pst ich höre etwas!"
Der Hase, keuchend: „Schnauf, schnauf, so schnell bin ich noch nie gehüpft. Heute war ich Weltmeister im Hakenschlagen. Einen und noch einen und noch einen und am Ende hat der Fuchs schön dumm geschaut, weil er mich nicht erwischt hat."
Die Henne mit heller Stimme: „Danke, lieber Hase Purzel. Aber warum hast du dein Leben riskiert, um mir zu helfen?"
Hase: „Meine liebe Henne, jedes Jahr bekomme ich zu Ostern die schönsten Eier von dir. Du hilfst mir und ich helfe dir – einander zu helfen ist doch das Schönste!"

Puppentheater

Eierköpfchen Jimmy und Susi

Vorbereitung: Zwei große Plastik-Eier mit Wollhaaren, Gesichtern und Halsschleifen als „Jimmy" und „Susi" ausstatten, jeweils einen Führstab hineinstecken und fixieren. Für den Zauberer eine Handpuppe aus dem Kaspertheater verwenden.

Erzähltext:

Jimmy, mit tiefer Stimme: „Hallo, ich bin Eierkopf Jimmy und freue mich, euch zu sehen! Heute ist ein herrlicher Tag. Er hat schon fabelhaft begonnen: Morgens wurde ich von Mutter Henne in ein angenehm weiches Heubett gelegt. Im Hühnerstall des Bauern Huber liegt immer frisches, wohl duftendes Heu und diese Landluft, ich sage euch: Bessere Luft gibt es nirgends! Neben mir lag Eierköpfchen Susi – oh sie ist so schön! Sie hat eine zarte, weiße Schale und eine wunderbare Stimme. Ich habe ihr lächelnd zugezwinkert und sie gefragt, ob sie mit mir in den Kindergarten kommt. Bald werdet ihr Susis süße, helle Stimme hören. Oh, wie ich mich freue!"

Susi singend: „La-la-la-la, la-la-la-la – Jimmy, ich habe dich gehört! Nett, dass du hier auf mich wartest."

Jimmy: „Hallo Susi! Prima, dass du da bist – ich habe den Kindern bereits von dir erzählt!"

Susi: „Ja? Wie schön! Für mich war es allerhöchste Zeit, aus dem Hühnerstall zu kommen. Stell dir vor, die Bäuerin Anna wollte mich ihrer Familie als Frühstücks-Ei servieren. Welch ein Glück, dass ich noch rechtzeitig davonrollen konnte. Diese Frau hat schreckliche Gedanken. Während sie das erste Ei in einen Korb legte, sagte sie: ‚Du wirst ein gutes Spiegelei zu unserem Gründonnerstagspinat sein.' Wie grässlich! Ich möchte doch nicht in heißem Fett gebraten werden!"

Jimmy aufgeregt: „Zu meinen fünf Brüdern, neben mir im Heu, meinte sie: ‚Ihr fünf kommt in meine große Rührschüssel. Mit Zucker, Butter und Mehl werde ich euch in den Kuchenteig rühren und dann eine Stunde in den Ofen schieben.' Entsetzlich! Ich will bestimmt nicht eine ganze Stunde in dem heißen Backrohr aushalten und davor noch in der Teigschüssel mit dem Mixer herumgewirbelt werden!"

Susi: „Meine Schwestern erwartet auch Unheimliches. Der Bauer Hannes meinte zum Peter: ‚Schau, wenn du diese Eier ausbläst und bemalt hast, kannst du sie auf den Osterstrauch hängen.' Also, ich würde viel lieber eine Reise machen und wir die große weite Welt ansehen, kommst du mit?"
Zauberer, mit lauter tiefer Stimme: „Halt, hier geblieben ihr zwei! Ich habe euer Gespräch gehört und finde, ihr seid furchtbar dumm! Es ist doch wunderbar, als schön verziertes Osterei auf einem Osterstrauch zu hängen. Jedes Jahr in der Osterzeit erfreut ihr mit eurem Anblick viele Menschen. Und lasst euch noch etwas sagen: Spinat ist sehr gesund und als Spiegelei dazu, köstlich gebraten, seid ihr sehr wohlschmeckend. Am besten jedoch schmeckt ihr in der Ostertorte. Ohne Eier würde sie nicht halb so gut schmecken! Wenn ihr aber eine Reise macht, steht euch nichts Gutes bevor! Ihr seid lange Zeit unterwegs und werdet von Tag zu Tag immer älter. Wisst ihr denn nicht, dass alte Eier zu stinken beginnen? Sie faulen und bekommen einen fürchterlichen Geruch. Jeder wird sich von euch abwenden und ihr werdet sehr unglücklich sein!"
Susi erschüttert: „Wie entsetzlich, ich will bestimmt nicht stinkend durch die Gegend laufen!"
Jimmy kleinlaut: „Ich auch nicht! Lieber Zauberer, sag: Was sollen wir tun?"
Zauberer spricht mit langsamer Stimme: „Rollt zurück in den Hühnerstall. Ihr werdet rot, blau, gelb, grün oder violett gefärbt und am Sonntag in ein Osterkörbchen gelegt. Damit macht ihr vielen Kindern eine riesengroße Freude und sie werden sich noch lange an euch erinnern."
Jimmy: „Ich will ein grünes Ei sein!"
Susi: „Und meine zarte Schale soll rot leuchten!"

Geschichte

Schnupsel folgt dem Regenbogen

Ein heftiger Regenschauer zwingt Schnupsel, den kleinen grauen Feldhasen, in einem dichten Gebüsch Schutz zu suchen. Aber obwohl der Busch viele Blätter hat, dringt der Regen durch. Schnupsel kauert auf der Erde und von seinen langen Löffelohren rinnt das Wasser herunter. Zitternd hofft er, dass das Unwetter bald zu Ende geht. Er fühlt sich heute besonders verlassen und einsam und das nasse Wetter trübt seine Stimmung noch zusätzlich. Seine Mutter, die große, silbergraue Häsin hatte ihn weggeschickt: „Mach dich auf den Weg", sagte sie. „Wir haben hier keinen Platz für dich. Du musst dir ein anderes Revier suchen, denn für die vielen Hasenjungen gibt es hier zu wenig Futter."

Traurig mümmelt Schnupsel nun vor sich hin, und einige Regentropfen vermischen sich mit den Tränen, die ihm über seine Wangen rinnen. Doch schließlich lässt der Regen nach, und die Sonne blinzelt wieder hervor. Schnupsel hoppelt auf die Wiese, um sein Hasenfell in der Sonne trocknen zu lassen. Die wärmenden Sonnenstrahlen heben seine Stimmung und trocknen seine Tränen. Als er seinen Kopf hebt, entdeckt er etwas Wundersames. Ein gelb-grün-rot-blau-violetter Riesenbogen erstrahlt am Himmel. Schnupsels Hasenherz macht vor Freude einen Hopser: „Wenn ich diesem Riesenbogen folge, finde ich vielleicht mein Glück", denkt er. Der kleine Feldhase beginnt, so schnell es ihm nur möglich ist, dem Regenbogen zu folgen. Er hoppelt den Bach entlang, überquert einen Acker und eilt emsig weiter. Als er einen Hügel erklimmt und zum Himmel schaut, merkt er, dass die Farben heller werden und plötzlich verschwinden. Er schüttelt seinen Hasenkopf und denkt: „Macht nichts, ich habe mir gemerkt, wo der Bogen aufgehört hat. Hinter dem Hügel ist bestimmt mein neues Zuhause!"

Während Schnupsel unermüdlich weiterhoppelt, beginnt sein Bäuchlein zu knurren. Da kommt er an ein wunderbar saftiges Kleefeld. Begeistert fängt er an zu fressen und als sein Hunger gestillt ist, sieht er sich um. Er stellt sich auf seine Hinterbeine und blickt den Hügel hinunter. Vor ihm steht ein schönes Hasenfräulein, das ihn mit großen Augen anschaut. Freudig hoppelt er ihr entgegen, denn er weiß: Hier hat er sein neues Glück gefunden.

Gesprächstipp: Wie könnte diese Geschichte weitergehen?

Geschichte

Die Amseleltern Miep und Merle

Merle, die Amselmutter, schaut zurück zum Nest. Sie sucht mit ihrem Mann, dem schwarzen Amselvater Miep, nach Futter für ihre Jungen. Die sitzen im sorgfältig ausgepolsterten Nestchen und strecken hungrig ihre kleinen Schnäbel in die Höhe. Miep zwitschert seinem Weibchen zu: „Schau, hier haben liebe Menschen einen Leckerbissen für uns in die Wiese gelegt!" Begierig pickt er kleine Stückchen aus einer Apfelhälfte und fliegt damit zum Vogelnest, um seine Kinder zu füttern.

Währenddessen sucht Merle nach Würmern und sieht sich dabei immer wieder ängstlich um. Sie muss sehr vorsichtig sein, denn die Besitzer dieses Gartens haben zwei Katzen. Die beiden großen Kater, einer rot, der andere grau gestreift, schleichen lautlos zwischen den Büschen und Blumenbeeten herum. Leider musste Merle erst kürzlich mit ansehen wie ihr Amselnachbar unvorsichtig war und von dem großen Grauen verschleppt wurde. Seither hat sie ihren Nachbarn nicht wieder gesehen.

Inzwischen ist Miep zurückgekehrt und bearbeitet erneut eifrig den Apfel. Auch er schaut sich dabei immer wieder wachsam um. Plötzlich zwitschert er aufgeregt und flattert erschrocken hoch. „Merle, pass auf", ruft er laut und schrill. Schnell fliegt Merle hoch und sieht den dicken, roten Kater. Gut, dass sie von ihrem Amselmann gewarnt wurde, beinahe wäre es zu spät gewesen.

Der Kater schaut ihr mit gierigen Blicken nach und denkt: „Schade – hätte ihr Mann sie nicht gewarnt, wäre diese Amseldame ein leckeres Mittagessen für mich geworden!" Mit leerem Bauch und knurrendem Magen setzt sich der Kater im Nachbargarten vor ein Mauseloch. „Hier lege ich mich auf die Lauer und warte, vielleicht gibt es heute noch Mäusebraten", denkt er und streicht sich mit seinen Pfoten zufrieden über die Schnurrbarthaare.

Miep und Merle sitzen unterdessen froh bei ihren Jungen im Nest. „Das ist noch mal gut ausgegangen, jetzt müssen wir uns erst von diesem Schrecken erholen." Als sie sich beruhigt haben, fliegen sie erneut auf Nahrungssuche. Merle findet einige Samenkörner und Miep entdeckt leckere Ameisen.

Doch heute ist ein sehr gefährlicher Tag. Miep sieht einen großen Schatten und hört angsterfülltes Geschrei. Alle Amseleltern, die in ihrer nächsten Umgebung auch Nester für ihren Nachwuchs gebaut haben, zwitschern aufgeregt und fliegen erschrocken hin und her. Merle ruft laut: „Was ist los?" Miep antwortet: „Die große Elster ist wieder da, flieg zu den Jungen und pass auf sie auf! Ich werde Hilfe suchen." Miep fliegt zu den anderen Amselvätern und aufgeregt zwitschern sie einander zu.

„Die Elster hat mir schon zwei Junge geraubt", ruft ein Amselvater verzweifelt. Miep überlegt und piepst laut: „Wir müssen uns verteidigen. Wenn wir einander helfen, schaffen wir es vielleicht, diese große Raubelster zu vertreiben."
Sieben Amselväter fliegen nun gemeinsam der Elster hinterher und ihr Vogelgezwitscher klingt bedrohlich. Die Elster erschrickt, als sie die Vogelväter mit ihrem lauten Geschrei auf sich zufliegen sieht und nimmt Reißaus. Schnell versteckt sie sich auf einem mächtigen Kastanienbaum.
Doch die Amselväter geben sich noch nicht zufrieden. Sie umkreisen das Versteck. Aus ihren orangefarbenen Schnäbeln ertönt heftiges Drohgezwitscher, sodass sich die Elster nicht mehr aus ihrem Schlupfwinkel hervorwagt. Erst nach langer Zeit fliegen die Vogelväter zu ihren Nestern zurück. Miep: „Dieser diebischen Elster haben wir es jetzt gezeigt. Sie wird sich bestimmt lange nicht mehr zu unseren Nestern wagen!" Stolz kreisen die Amseln über ihren Nestern und zwitschern laut: „Gemeinsam sind wir stark!"

Bewegungsgeschichte

Das Vogelnest

Material: für jedes Kind ein Rhythmiktuch

Vorbereitung: Die Tücher gleichmäßig auf dem Boden des Bewegungsraumes verteilen, den Raum abdunkeln. Es sollten zwei Fachkräfte anwesend sein.

So geht's: Jedes Kind sucht sich ein Tuch als Vogelnest aus und setzt sich darauf. Während eine Erzieherin den Text langsam und deutlich spricht, gibt die zweite der Gruppe die Bewegungen vor. Zu Beginn bitten Sie alle „Vögelchen", gut zuzuhören, die Augen zu schließen erst dann wieder zu öffnen, wenn es heller wird.

Erzähltext:

„Es ist dunkel und still,
kein Laut ist zu hören,
weil das Vögelchen schlafen will –
es lässt sich dabei nicht stören.

Doch wenn im Morgengrauen

Die E. zieht die Vorhänge langsam hoch, die Kinder öffnen die Augen.

das erste Licht sich zeigt, und
die Nacht sich dem Ende zuneigt,

Die Finger zappeln in einem Bogen von einer Seite zur anderen.

hebt die Vogelfrau ihr Köpfchen
und fängt an zu singen und zu
jubilieren, so laut sie nur kann.

Den Kopf heben, den Oberkörper hin- und herwiegen und dabei summen

Nun schüttelt sie ihre Flügel und
fliegt ihre Runde, wie immer zur

Mit den Armen flattern
Langsam durch den Raum „fliegen."

frühen Morgenstunde.

Sie beginnt zu suchen
nach Gräsern, Heu und Moos,

Mit einer Pflückbewegung „Nistmaterial aufnehmen"

*flattert damit zurück zum Nest
und lässt dort alles los.*

*So arbeitet sie Stunde um Stunde
fliegt stets hin und her,
das Nest wird dabei größer
sie sammelt fleißig immer mehr.*

*Endlich ist es fertig, sie legt ein Ei hinein.
Zuerst eins, dann zwei und drei
setzt sich darauf und nickt dabei ein.
Müde, schläft sie tief und fest
und brütet die Eier aus im Nest.*

*Endlich ist es geschafft!
Die Schale kracht, ein Ei zerbricht,
ein Vogelkind zeigt sein Gesicht!
Zuerst eins, dann zwei und drei
die Brüterei ist nun vorbei.
Das erste Vögelchen piepst und schreit,
reißt seinen Schnabel auf, ganz weit.
Viel zu tun hat nun die Vogelmutter,
eifrig sucht sie nach leckerem Futter.*

*Sie fliegt um das Nest herum,
sucht auf Bäumen und im Gras.
Oh, da vorne bewegt sich was!
Sie pickt nach dem Wurm,
sie hält ihn ganz fest
und bringt ihn, so schnell es geht, zum Nest.*

*Sie fliegt den ganzen Tag hin- und her,
die Vogelkinder wollen immer mehr.
wie oft muss ich noch um Futter fliegen?
„Seid ihr denn gar nicht satt zu kriegen,*

*Doch für die Vogelmutter ist keine Mühe zu schwer,
denn sie liebt ihre Vogelkinder sehr.*

Von Zeit zu Zeit das Gefundene
„beim Nest fallen lassen".

s. o.

Sich wieder auf das Tuch setzen
3 x die Flügel heben und senken,
die Augen schließen

Mehrmals mit den Fingern
schnipsen
3 x die Arme hochstrecken.

Den Kopf in den Nacken legen,
Mund weit öffnen und schließen

Die Pflückbewegung wiederholen

Um das Tuch herum laufen

„Picken" mit den Fingern, dann
eine Zappelbewegung

Immer wieder mit der Pickbewegung Gegenstände berühren und
zurück zum Tuch fliegen.

Bewegungsgeschichte

Auf der Frühlingswiese

Wenn die Käfer hurtig krabbeln *durch das hohe Gras,*	Durch den Raum krabbeln
sich auf den Rücken drehen und *zappeln – ei, das macht großen Spaß!*	Auf dem Rücken liegend mit den Beinen in der Luft zappeln
Der Wurm in seinem Loch sich windet *und endlich auch nach draußen findet.* *Drehend schlängelt er sich fort,* *bewegt sich an einen anderen Ort.*	Bewegungen am Boden nachahmen
Quak, da kommt der Frosch vom Teich, *begibt sich in das Wiesenreich.*	Am Boden hüpfen – die Hände zwischen den Füßen aufsetzen
Er springt umher und quakt sehr laut *und sucht im Gras nach seiner Braut.*	Umherhüpfen und quaken
Summ, summ kommt etwas angeflogen *von Blütendüften angezogen.* *Nektar sucht es zum Honigmachen* *das Bienchen hat im Frühling gut Lachen.*	Als Biene summend durch den Raum fliegen
Und da ist auch die Amselmutter *sie sucht für ihre Jungen Futter.*	Mit einer Hand „picken"
Da kommt vom Waldrand die Wiese entlang *der Hase, oh wie er Haken schlagen kann.* *Warum hoppelt er so schnell?* *Da ist der Fuchs im roten Fell!*	Hüpfen und mit den Händen weit nach vorne greifen
Listig schleicht er sich heran, *ob ihm der Hase entkommen kann?*	Schleichbewegung machen

Spielidee zum Abschluss:
Ein Kind ist der Fuchs, die anderen sind die Hasen. Kinder, die gefangen sind, setzen sich auf den Boden, die noch übrigen Hasen können um sie herum „Haken schlagen".

| Massagegeschichte |

Das Gewitter

Material: Gymnastikbälle, je zwei Kinder teilen sich einen

Vorbereitung: Die Kinder tun sich zu zweit zusammen. Eines liegt ausgestreckt auf dem Boden (wenn möglich auf einer Matte oder Decke), das zweite kniet daneben und hat den Ball bei sich liegen.

So geht's: Die Erzieherin spricht den Text Satz für Satz und macht die Bewegungen vor

Erzähltext / Bewegungen:

Die Frühlingssonne hat viel Kraft,
wenn sie ihre Strahlen zur Erde schafft.

Das kniende Kind bewegt die Fingerspitzen zappelnd von oben und berührt damit den Rücken des liegenden Kindes.

Spitz wie Nadeln
spürt ihr sie auf eurer Haut,
wenn sich am Himmel ein
Unwetter zusammenbraut.

Den ganzen Körper mit den Fingerspitzen antippen

Erst kommt der Wind,
er fegt über die Wiesen geschwind.
Dunkle Wolken schieben sich hinterher,
sie werden größer und immer mehr.

Mit vollen Wangen über den Rücken pusten
Den Ball über den ganzen Körper vor- und zurückrollen

Schwer bauschen sie sich auf,
das Gewitter nimmt seinen Lauf.
Hier und da schon Regentropfen
auf der Erde anklopfen.

Den Ball mit leichtem Druck über den Körper rollen.
Mit Daumen, Zeigefinger, usw. sachte nacheinander den Körper berühren

Dichter wird das Nass,
die Tropfen prasseln voll Spaß.

Stärker mit allen Fingern über den Körper „trippeln"

Die Wolken ziehen voll und schwer
ein Platzregen folgt hinterher.

Mit der flachen Hand sanft den Körper abklopfen

*Noch einmal kommt ein starker Wind,
bis alle Wolken verflogen sind.*

Kräftig über den Rücken pusten

*Nur wenige Tropfen sich noch zeigen,
Nebelschwaden nach oben steigen.*

Die Handflächen über dem
Rücken „schweben" lassen

*Die Sonne strahlt mit liebem Gesicht
und fragt:*

Die Handfläche wärmend auf dem
Rücken liegen lassen

„Gefällt euch dieses Massagegedicht?"

Bewegungsgeschichte

Das Schneeglöckchen

*Das Schneeglöckchen streckt sein Köpfchen
und neigt seine Blüten zur Sonne.*

Auf dem Boden kauern, sich
langsam aufrichten und den
Kopf in den Nacken legen

*Zwei Blätter wachsen seitlich nach oben,
schauen zum Himmel voll Wonne.*

Die Arme ganz langsam
nach oben strecken

*Dann streichelt die Sonne
das Schneeglöckchen sacht.
Oh, wie schön das Blümchen lacht!*

Mit beiden Händen
über die Wangen streichen

*Doch plötzlich kommt ein starker Wind,
die Glöckchen schaukeln hin und her.*

Seitlich hin- und herbewegen

*Eisig kalt fühlt der Wind sich an,
das Blümchen zittert sehr.*

Den Oberkörper schütteln

*Erschöpft und müde steht es nun hier:
"Lieber Frühling, komm zu mir!*

Die Handflächen aufeinanderlegen und zu einem V geöffnet
nach oben strecken

`Spielen und Lernen`

Körperteile benennen und spüren

Material: Für jedes Kind ein Rhythmik-Tuch

So geht's: Jedes Kind sitzt vor einem Tuch. Zur Einstimmung zählt die Erzieherin alle Teile einer Blume auf, z. B.: Zwiebel, Stängel, Blatt, Blüte, usw. Die Kinder raten, zu welcher Blume diese Teile gehören könnten (Tulpe, Krokus, …).
Danach beginnt das eigentliche Spiel: Die Erzieherin benennt verschiedene Körperteile des Menschen ohne bestimmte Reihenfolge, z. B.: Zehe, Stirn, Schulter, Faust, usw. Die Kinder verlagern nun ihr Körpergewicht und berühren nacheinander mit dem jeweils genannten Körperteil das Tuch.

`Spielen und Lernen`

Blumenballon

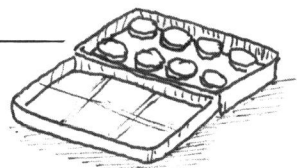

Material:
- Luftballons
- breite Pinsel
- Dispersionsfarben
- Malkittel
- Zeitungen

Vorbereitung: Den Tisch mit Zeitung abdecken, und die verdünnten Farben in kleinen, flachen Behältnissen bereitstellen. Die Kinder ziehen Malkittel an und nehmen sich je einen Luftballon und einen Pinsel.

So geht's: Die Luftballons aufblasen und verknoten. Jedes Kind bemalt seinen Ballon mit Blumenmotiven. Die Schwierigkeit besteht darin, den Luftballon während der Maltätigkeit mit einer Hand zu halten.

Spielen und Lernen

Was gehört dazu?

Material:
- Diverse Kataloge, Prospekte und Zeitschriften (z. B. mit Pflanzen, Tieren, Nahrungsmitteln, Möbeln, Kleidung, Haushaltswaren, ...)
- Scheren und Klebstoff
- 50–60 kleine Karteikärtchen
- Laminierset

Vorbereitung: Im Vorfeld werden aus Katalogen zu mehreren Oberbegriffen (z. B. Tiere, Blumen, Geschirr, Fahrzeuge, Kleidung, usw.) viele verschiedene Abbildungen von zugehörigen Unterbegriffen ausgeschnitten (zum Oberbegriff „Möbel" passen z. B.: Schrank, Kommode, Sessel, Tisch, Bett, Sofa usw.) Jede ausgeschnittene Abbildung wird auf ein Karteikärtchen geklebt (Größe beachten). Zur besseren Haltbarkeit können die Kärtchen anschließend noch laminiert werden. Kinder, die Lust dazu haben, können bei den Vorbereitungen mithelfen.

So geht's: Gespielt wird in einer Kleingruppe. Die Karten liegen aufgedeckt auf dem Tisch und die Erzieherin nennt einen Oberbegriff. Nun sollen die Kinder dazu passende Karten vom Tisch nehmen und vor sich hinlegen. Wenn alle fertig sind, schauen alle zusammen, ob sich irgendwo „falsche Hasen" eingeschlichen haben. Diese werden ggf. wieder zurück auf den Tisch gelegt. Anschließend stapelt jedes Kind seine Kärtchen. Das Kind mit dem höchsten Stapel darf den nächsten Oberbegriff nennen.

Spielen und Lernen

Der Vogel „Zuriwitt"

Material: eine Spieluhr

Vorbereitung: Die Kinder stellen sich im Kreis auf, ein Stuhl wird in die Kreismitte gestellt.

So geht's: Ein Kind (der „Vogel Zuriwitt") setzt sich auf den Stuhl in der Kreismitte und schließt die Augen. Die Spieluhr wird aufgezogen. Die Kinder reichen einander die Hände und gehen im Kreis, solange die Spieluhr spielt. Das Kind, welches am Ende der Musik hinter dem Vogel „Zuriwitt" zu stehen kommt, spricht laut:

„Zuriwitt, Zuriwitt komm flieg mit mir mit!
Flieg mit mir in den Himmel hinein, ich bringe dir Glück und Sonnenschein."

Das Kind in der Mitte rät nun, wer hinter ihm steht. Sobald „Zuriwitt" den richtigen Namen genannt hat, fliegen beide Kinder eine Runde um den Kreis. Danach setzt sich das erkannte Kind auf den Stuhl und das Spiel geht weiter.

Spielen und Lernen

Lauf schnell hin! (Frühlingsbegriffe)

Material: 6–8 Abbildungen verschiedener Frühlingsmotive (z. B. Blumen, Vogelarten, Insekten u. a.), ausgeschnitten und auf Karton geklebt

Vorbereitung: Die Motivkarten überall im Raum verteilen bzw. an den Wänden anbringen.

So geht's: Die Erzieherin benennt jeweils ein Motiv und die Kinder laufen möglichst schnell zu der entsprechenden Bildkarte. Wenn alle dort angekommen sind, folgt der nächste Begriff. Nach einigen Durchgängen können sich die Kinder als Spielleiter abwechseln. Die verschiedenen Begriffe prägen sich durch die Verknüpfung mit Bewegung besonders gut ein.

Spielen und Lernen

Brettspiel: Blumenwiese

Material:
- pro Mitspieler / Team ein Spielplan und 20 Blüten (nach Vorlage anfertigen)
- ein Zahlenwürfel

Vorbereitung: Die Blütenköpfe von der Vorlage auf festes Papier kopieren, mit wasserfesten Wachsfarben bunt ausmalen und ausschneiden. Den Spielplan ebenso kopieren, die Blumenstängel mit grüner Wachsfarbe nachziehen, dann den Spielplan evtl. laminieren.

So geht's: Es wird reihum gewürfelt. Die jeweilige Augenzahl gibt an, wie viele Blumenköpfe auf dem Spielplan platziert werden dürfen. Sieger ist, wer zuerst seine Blumenwiese voll belegt hat.

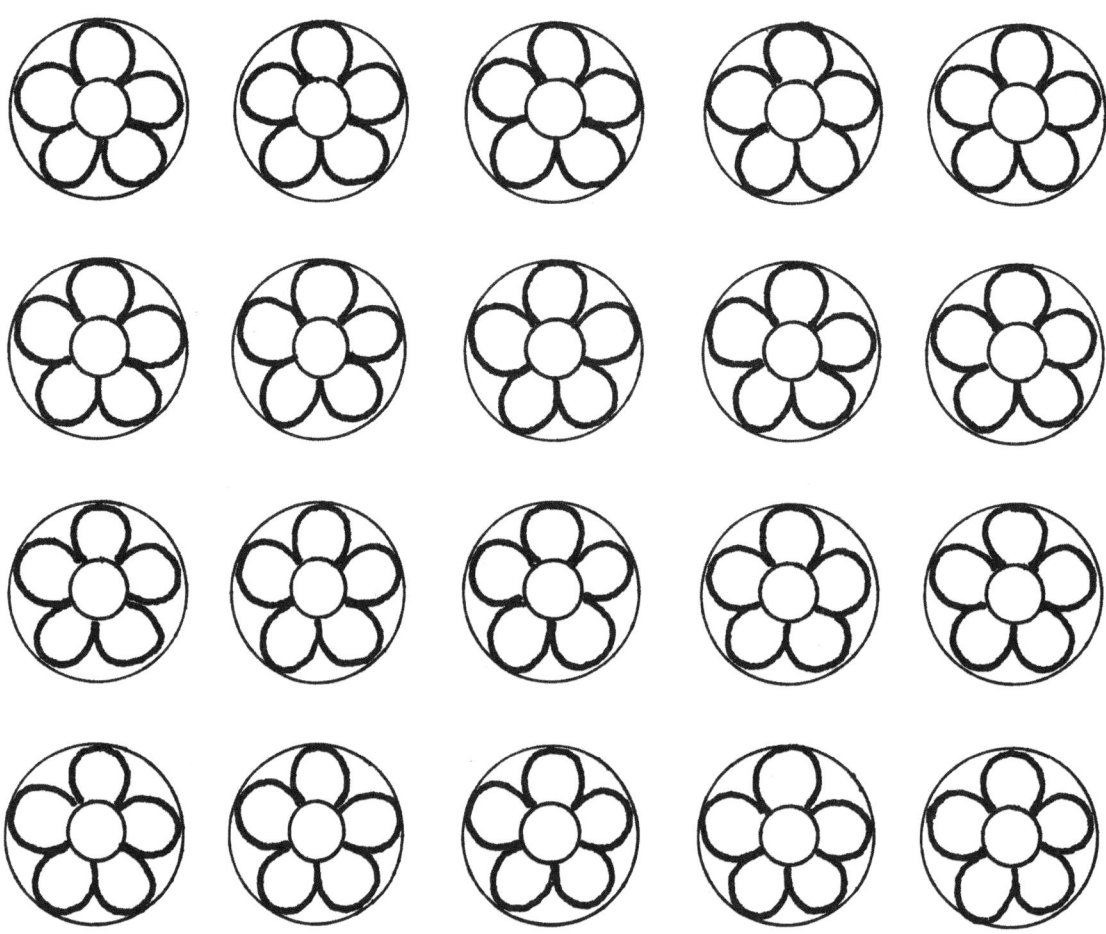

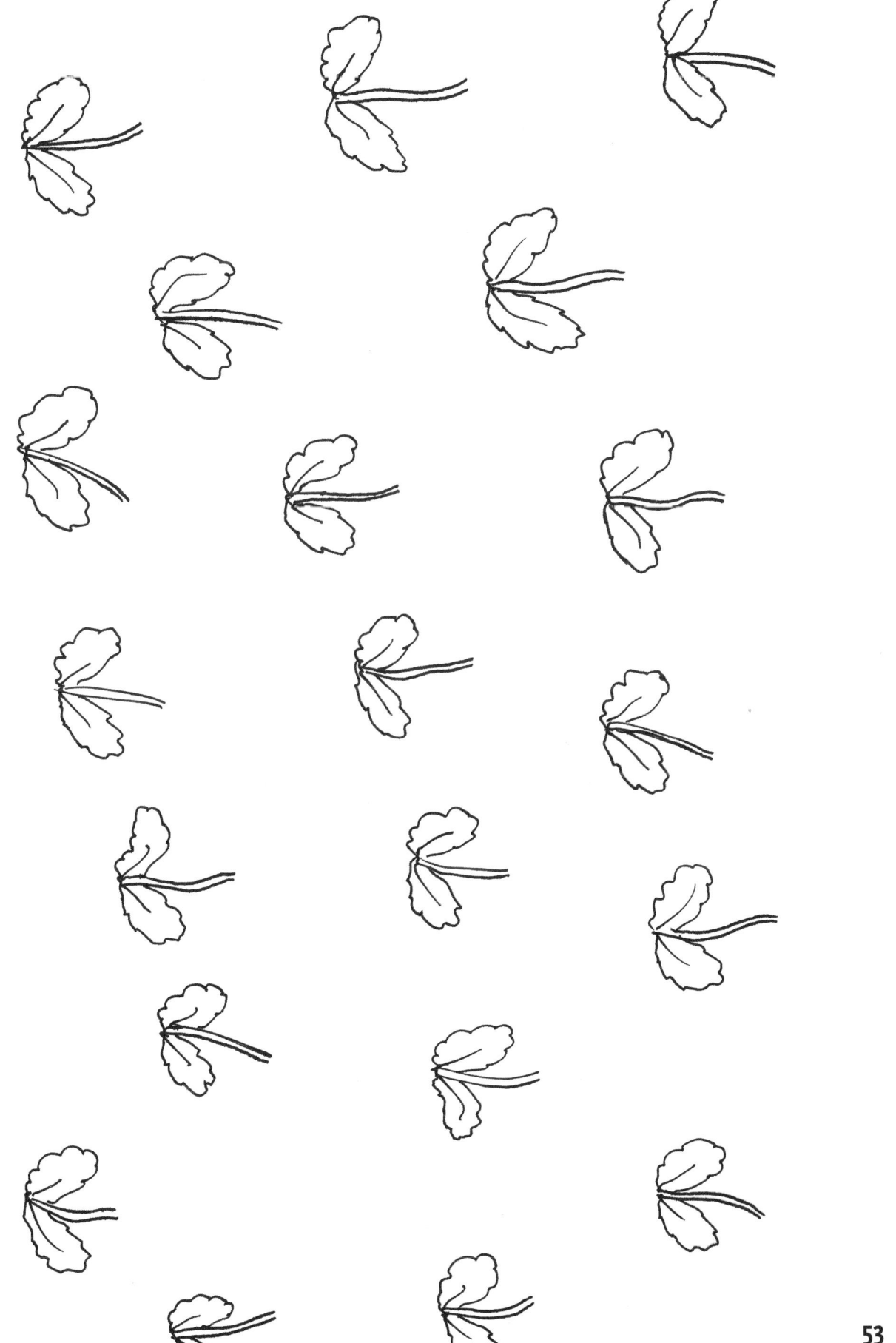

[Bewegungsspiel]

Sonnentanz

Material: Meditationsmusik und ein Abspielgerät

So geht's: Meditationsmusik erklingt. Ein Kind spielt die Sonne und tanzt mit erhobenen Händen durch den Bewegungsraum. Die übrigen Kinder kauern als knospende Blumen auf dem Boden und bitten die Sonne:

„Liebe Sonne, schein herab!
Von der Kälte bin ich matt.
Deine Wärme lockt mich heraus,
schon treiben meine Blüten aus!"

Die Sonne ruft laut: „Ich komme!" Ein Kind nach dem anderen wird nun von der Sonne berührt und beginnt zu „wachsen": Die Kinder richten sich langsam auf und bewegen sich im ebenfalls im Takt der Musik.

[Bewegungsspiel]

Das Blumenstrauß-Spiel

Material: ein Blumenstrauß (auf der Wiese gepflückt oder aus Papier)

So geht's:

Einstieg
Das Spiel eignet sich am besten für eine Gruppe von ca. 8 bis 15 Kindern. Falls kein Bewegungsraum zur Verfügung steht, kann auch im Gruppenraum mit beiseite gerücktem Mobiliar gespielt werden. Im Sitzkreis fragt die Erzieherin die Kinder nach typischen Merkmalen des Frühlings („Woran könnt Ihr erkennen, dass es Frühling ist?"). Zu jedem genannten Merkmal (z. B. „die Schaukel wird wieder aufgehängt") überlegen sich die Kinder eine passende Bewegung. Per Mehrheitsentscheidung einigt sich die Gruppe jeweils auf einen der Vorschläge.

Hier einige Bewegungs-Beispiele als Anregung – sicher entwickelt jede Kindergruppe noch weitere, eigene Ideen:

- Schaukel   den Oberkörper am Boden sitzend und stehend vor- und zurückbewegen
- Regenbogen   am Boden knien, beide Arme „halblinks" ausstrecken und mit den Händen den Boden berühren; in einem großen Bogen die Arme über den Kopf zur rechten Seite bewegen, danach die gleiche Bewegung nach links ausführen, mehrmals wiederholen
- Sonne   beide Arme nach oben strecken, die Finger mit zappelnden Bewegungen von oben nach unten führen, wiederholen
- Blume   auf dem Boden kauern; langsam aufstehen, die Handflächen vor der Brust aufeinanderlegen; die Arme geschlossen nach oben strecken; und am Ende weit öffnen
- Vogel   mit flatternden Armbewegungen durch den Raum laufen und springen
- Hase   auf allen Vieren mit geschlossenen Beinen und Armen durch den Raum „hoppeln"

Kreisspiel
Ein Kind geht mit dem Blumenstrauß im Kreis und sagt:

„Rote, gelbe, blaue Blumen – alle habe ich so gern.
Zeige mir, was du gut kannst, und dieser Strauß wird dir gehör'n."

Nach dem Spruch ruft das Kind laut eines der zuvor besprochenen Frühlings-Merkmale. Die Kinder führen die vereinbarte Bewegung aus. Schließlich bekommt eines der Kinder den Blumenstrauß und ist der nächste Spielführer.

Bewegungsspiel

Fuchsbau

Material: ein Gymnastikreifen

So geht's: Der Reifen wird in der Mitte des Raumes als Fuchsbau auf den Boden gelegt. Ein Kind spielt den Fuchs und kauert sich hinein. Die restlichen Kinder sind die Hasen. Sie stellen sich im Kreis um den Fuchsbau herum, reichen sich die Hände und gehen im Uhrzeigersinn, während sie folgenden Reim sprechen:

„Der rote Fuchs in seinem Bau ist gerissen und sehr schlau.
Doch nun schläft er wie ein Stein, und wir tanzen Ringelrei'n."

Daraufhin steht der Fuchs auf und ruft:

„Ihr Hasen seid so dumm! Jetzt fang' ich euch – die Zeit ist um."

Alle laufen los, der Fuchs fängt die Hasen. Wer gefangen wurde, setzt sich auf den Boden. Der Hase, der am Ende übrig bleibt, spielt in der nächsten Runde den Fuchs.

Bewegungsspiel

Hasenwettlauf

So geht's: Das Spiel kann draußen auf einer Wiese oder im Bewegungsraum gespielt werden. Ein Kind ist der Jäger und steht allein auf einer Seite des Spielfeldes. Auf der gegenüberliegenden Seite (der Abstand sollte ca. 10–15 m betragen) stehen die die übrigen Mitspieler als Hasen in einer Reihe nebeneinander. Der Jäger ruft eine Zahl zwischen 1 und 10 (oder 1 und 5, je nach Alter der Kinder). Die Hasen dürfen nun die genannte Anzahl an Hüpfern (Füße sind geschlossen) in die Richtung des Jägers machen. Wenn alle wieder stillstehen, ruft der Jäger eine weitere Zahl. Das Kind, das als erstes mit den angegebenen **Hüpfern** den Jäger erreicht, ist in der nächsten Runde der Jäger.

[Bewegungsspiel]
Vogelscheuchen

Material: zwei lange Seile (jeweils ca. 6–8 m), vier Tücher

Vorbereitung: Mit den Seilen die Randbegrenzung eines leicht kurvigen, ca. 1,20 m breiten Weges am Boden markieren.

So geht's: Vier Kinder spielen Vogelscheuchen und verteilen sich mit gegrätschten Beinen und ausgestreckten Armen (die Finger sind gespreizt) als Hindernisse auf dem markierten Weg. Haben alle Vogelscheuchen ihren Platz gefunden, bekommen sie die Augen verbunden.
Die restlichen Kinder spielen nun Krähen, die versuchen, mit leisen Flugbewegungen an den Vogelscheuchen vorbeizukommen, ohne von ihnen bemerkt zu werden. Wer berührt wird, spielt in der nächsten Runde eine Vogelscheuche.

[Bewegungsspiel]
Diebische Elster

Material: mehrere Gymnastikreifen (Anzahl der Kinder minus 1)

Vorbereitung: Die Reifen werden gleichmäßig auf dem Boden verteilt. Ein Kind spielt die Elster, alle anderen suchen sich einen Reifen und setzen sich im Schneidersitz hinein.

So geht's: Mit einem selbst erfundenen „Zauberspruch" verwandelt die Erzieherin die Kinder in den Reifen in „glänzende Schmuckstücke".

Die „diebische Elster" stielt nun alle „Schmuckstücke", indem sie ein Kind nach dem anderen an beiden Händen fasst und auf die Füße hochzieht. Diese Kinder laufen dann durch den Bewegungsraum. Sind alle Reifen leer, ruft die Elster laut:

„Ich bin reich!"

Nun müssen sich alle Kinder schnell wieder in einen Reifen setzen. Wer keinen Reifen erwischt, ist in der nächsten Runde die „diebische Elster".

Bewegungsspiel
Frühlingserwachen

Material: ein Gymnastikreifen, geschmückt mit bunten Bändern aus Krepppapier, eine Spieluhr

So geht's: Ein Kind spielt den Frühling und bekommt den geschmückten Reifen in die Hand, ein anderes Kind spielt den Winter. Die Spieluhr wird aufgezogen und sobald die Melodie erklingt, laufen die Kinder im Bewegungsraum durcheinander. Der „Winter" versucht, möglichst viele Kinder zu berühren. Wer von ihm berührt wurde, sinkt zu Boden und erstarrt zu einem „Eisklumpen". Der „Frühling" bewegt sich mit dem Reifen durch den Raum. Legt er den Reifen über ein am Boden kauerndes Kind, wird dieses erlöst und darf wieder weiterlaufen.
Das Spiel endet, sobald die Spieluhr abgelaufen ist. Nun wird gezählt, wie viele Kinder sich frei bewegen und wie viele „erstarrt" sind. Bewegen sich die meisten Kinder, hat der Frühling gewonnen – sind die meisten Kinder Eisklumpen, hat der Winter gewonnen. Der Gewinner (Frühling oder Winter) bekommt von allen Kindern Applaus.

Rhythmik

Eine große Hasenfamilie

Material: eine Trommel (Tamburin),
für jedes Kind ein braunes Tuch

So geht's:

Einstieg
Ein Rätsel führt die Kinder zum Thema der rhythmischen Einheit:

„Ich habe zwei Löffel, eine Blume und eine putzige Nase –
ihr kennt mich, ich bin der …!"

Die Kinder dürfen nun die typische Hoppelbewegung der Hasen nachahmen und sich so durch den ganzen Raum bewegen. Währenddessen beginnt die Erzieherin, die Tücher gleichmäßig verteilt am Boden auszulegen.

Übung 1
Die Kinder bekommen die Vorgabe, kein Tuch zu berühren.

Übung 2
Die Erzieherin gibt mit einem Trommelschlag den Rhythmus der Bewegung vor und spricht laut im Takt:

„Ich hoppel hin und hoppel her, immerfort und schau –
ich hoppel hin und hoppel her, bis zu meinem Bau."

Beim abschließenden Trommelschlag sucht sich jedes Hasenkind ein Tuch und setzt sich darauf. Haben alle Kinder den Hasenbau erreicht, wiederholt sich die Übung.

Übung 3
Die Erzieherin achtet darauf, dass alle Kinder sie gut sehen können. Sie zeigt ihnen 3 verschiedene Signalbewegungen, erklärt, was diese bedeuten und macht vor, mit welchen Bewegungen die Kinder jeweils reagieren sollen:

- Schultern hochziehen = „ängstliche Hasen":
  Die Kinder kauern sich in ihren „Bau"
- In die Hände klatschen = „fröhliche Hasen":
  Die Kinder laufen rund um ihren „Bau"
- Handflächen nach vorn drehen und an die Ohren halten = „aufmerksame Hasen":
  Die Kinder gehen auf ihrem Tuch in die Hocke und schauen umher.

Sind die Bewegungen einmal besprochen und geübt, gibt die Erzieherin die Bewegungs-Signale 2–3 Minuten lang in wechselnder Abfolge vor, und die Kinder versuchen, so schnell wie möglich mit den entsprechenden Bewegungen zu reagieren. Vielleicht möchten sich einige Kinder auch als „Signalgeber" versuchen?

Übung 4
Jedes Kind rollt sein Tuch am Boden zusammen, fasst es in der Mitte und hebt es hoch, sodass an beiden Seiten lange „Löffelohren" herabhängen. (Die Erzieherin gibt hierzu die Anweisung und macht gleichzeitig vor, wie es geht.)
Zu dem Spruch „Meine Löffel sind so lang, damit ich sehr gut hören kann!" trommelt die Erzieherin im Takt. Die Kinder gehen dazu mit ihrem Tuch umher und bewegen es kräftig auf und ab, sodass die „Hasenohren" flattern.

Übung 5
Zum Abschluss wird eine lange Hasenkette gebildet. Zunächst stehen alle Kinder noch im Raum verteilt. Eines darf anfangen. Es geht durch den Raum und sagt folgenden Spruch, während die Erzieherin im Takt dazu trommelt:

„Meine Löffel sind so lang – liebe(r) … häng dich dran."

Es bleibt bei dem angesprochenen Kind stehen, dieses greift sich ein Ende des Tuchs. Gemeinsam gehen sie nun im Takt der Trommel durch den Raum, sagen den Spruch und suchen sich das nächste Kind aus. Nach jedem Durchgang wird die Kette um einen Hasen länger, bis schließlich alle Kinder dabei sind und als Hasenkette den Raum verlassen.

Rhythmik

Welche Farbe hat mein Ei?

Material:
- für jedes Kind ein Sandsäckchen
- ein Korb mit bunten Plastik-Eiern
- eine Blockflöte
- eine Handtrommel

Vorbereitung: Die Sandsäckchen (Nester) liegen verstreut im Bewegungsraum.

So geht's:

Übung 1

Die Erzieherin ahmt mit der Blockflöte auf einem hohen Ton 3x einen Kikeriki-Ruf nach:

Die Kinder stolzieren wie Hähne zwischen den Nestern – sie heben abwechselnd die Knie und treten mit den Zehenspitzen zuerst auf.

Mit der Handtrommel ahmt die Erzieherin nun das „Go-goo, go-goo, go-goo" der Henne nach:

Die Kinder spielen nun Hennen und „picken" bei jedem Schlag mit den Händen imaginäre Körner vom Boden. Sind keine Töne mehr zu hören, setzt sich jedes Kind auf ein Sandsäckchen.

Übung 2

Die Erzieherin stellt den Korb mit bunten Plastikeiern vor sich hin und ruft ein Kind:

„Liebe(r) ... komm herbei und nimm ein ... Osterei!"

Nachdem es sich ein Ei in der genannten Farbe genommen hat, bekommt das Kind den Auftrag dieses zu seinem Sandsäckchen zu rollen. Am Platz angekommen, legt das Kind das Osterei auf das Sandsäckchen und setzt sich im Schneidersitz daneben. Die

Erzieherin ruft nun ein Kind nach dem anderen, bis alle Kinder ein Ei auf ihrem Sandsäckchen platziert haben.

Übung 3
Die Erzieherin spielt den Kindern nacheinander drei verschiedene Rhythmen mit der Handtrommel vor. Jeder Rhythmus wird einem bestimmten Platz bzw. Gegenstand im Raum zugeordnet, z. B.:

- Sprossenwand   3 x kurz, 1 x lang (mehrmals wiederholen)
- Langbank   1 x lang, 2 x kurz (mehrmals wiederholen)
- Fenster   kurz – lang, kurz – lang (mehrmals wiederholen)

Wird ein Rhythmus gespielt, rollen die Kinder ihr Ei zu dem entsprechenden Ort. Dort angekommen, klopfen sie dreimal leicht mit dem Ei an das Objekt und laufen zurück zum Nest (mehrmals wiederholen).

Übung 4
Während die Erzieherin eine improvisierte Melodie auf der Flöte spielt, legen die Kinder ihre Eier in der Raummitte zu einem Kreis und gehen wieder zurück an ihren Platz. Wenn alle Kinder wieder auf ihrem Nest sitzen, endet die Musik.

Übung 5
Zum Abschluss spielt die Erzieherin auf der Flöte eine Abwärtstonleiter mit fünf Tönen:

Anschließend singt sie dieselbe Tonleiter mit folgendem Text:

„Ho-le dir dein Ei!"

Sie erklärt den Kindern, dass jedes Mal, wenn sie diese Tonfolge spielt, jeweils nur ein Kind aufstehen und sein Ei aus dem Kreis nehmen darf. Es legt danach sein Ei leise in den Korb zurück und verlässt ebenso leise den Raum. Jedes Kind findet seinen Moment zum Aufstehen selbstständig und ohne zu sprechen.

Bewegungsstunde

Ostereierstaffel

Material:
- 2 verschiedenfarbige Plastikeier
- Krepp-Klebeband
- 2 Kletterböckchen
- 2 Langbänke oder Rutschen zum Einhängen
- 4 Gymnastikstäbe
- 2 Gymnastikreifen
- 2 Turnmatten
- 2 Tassen / Schälchen
- 2 Osterei-Puzzles

Vorbereitung: Zwei große Ostereier (ca. DIN A5) auf Papier malen und je nach Anzahl der Kinder pro Gruppe in 6–8 Segmente zerschneiden. Vor der Einheit den Parcours wie unten beschrieben und abgebildet im Bewegungsraum aufbauen.

So geht's: Zwei gleich große Gruppen (je 6–8 Kinder) stellen sich im Abstand von 2–3 Metern jeweils in einer Reihe auf. Das vorderste Kind jeder Staffel hält ein Plastikei in der Hand. Die Erzieherin gibt ein Startsignal und die beiden ersten Kinder laufen los.

Mit Klebeband eine leicht kurvige Linie am Boden markieren (ca. 2–3 m)

Das Ei entlang der Linie rollen

Für jede Gruppe eine Bank oder ein Rutschelement in ein Böckchen einhängen.

Das Ei hinunterrollen

Für jede Gruppe einen Reifen und zwei Stäbe am Boden bereitlegen.		Das Ei mit Hilfe der Stäbe um den Reifen rollen.
Für jede Gruppe eine Turnmatte in Laufrichtung am Boden platzieren.		Sich quer auf die Matte legen, die Hände mit dem Ei über den Kopf strecken und sich über die Matte rollen.
Zwei Tassen oder Schälchen mit je einem Osterei-Puzzle bereitstellen.		Ein Puzzleteil herausnehmen und zuordnen.

Anschließend das Ei auf der flachen Hand auf geradem Weg zurücktransportieren und an das nächste Kind der eigenen Staffel weiterreichen.

Bewegungsstunde

Jetzt ist Frühling!

Material:
- Sprossenwand
- ein Körbchen ö. Ä. als Vogelnest
- 4 Papiervögel
- 2–4 Rollbretter
- 3–5 Turnmatten
- einige Faltfrösche
- 2 Kletterböckchen
- 1 große Decke
- eine Langbank
- viele kleine Bälle
- ein Korb

Vorbereitung: Im Vorfeld Papiervögel und Faltfrösche basteln (evtl. als Freispiel-Angebot für die Kinder, Faltanleitung siehe S.78). Vor der Einheit den Parcours wie unten beschrieben und abgebildet im Bewegungsraum aufbauen.

So geht's: Der Parcours eignet sich am besten für 8–16 Kinder.

- Zum Einstieg tragen jeweils vier Kinder gemeinsam eine Turnmatte und gehen zu ruhiger Musik durch den Bewegungsraum (ohne die Aufbauten zu berühren!). Beim Musikstopp werden die Matten am Boden abgelegt. Nun legen sich alle Kinder auf ihre Matte, schließen die Augen und stellen sich vor, auf einer Blumenwiese zu liegen („Was seht, hört, riecht und fühlt ihr dort?"). Die Kinder sind dabei ganz still. Wenn die Musik wieder einsetzt, trägt jede Gruppe ihre Matte weiter durch den Raum. Die Übung wird mehrmals wiederholt. Anschließend werden die Matten zur Seite gelegt und die Erzieherin ruft alle Kinder zu sich.

- Gemeinsam werden nun zunächst alle vier Stationen des Parcours angeschaut und die Erzieherin erklärt, was dort jeweils zu tun ist. Evtl. macht sie (oder ein Kind, das dazu Lust hat) die Bewegungsaufgabe vor. Die vier Stationen sollen in Kleingruppen von 2–4 Kindern wie ein „Zirkel" in mehreren Runden durchlaufen werden. Zu Beginn stellt sich jede Kleingruppe vor einer der vier Stationen auf, dann kann es losgehen:

Station 1 – Vogelnest

Ein Körbchen auf die oberste Stange der Sprossenwand hängen; darunter 4 Papiervögel auf dem Boden auslegen.

Jedes Kind hebt einen Vogel vom Boden auf, klettert mit ihm auf die Sprossenwand und setzt ihn in das Nest (1. und 3. Gruppe), bzw. klettert hinauf, holt einen Vogel aus dem Nest und setzt ihn auf den Boden (2. und 4. Gruppe).

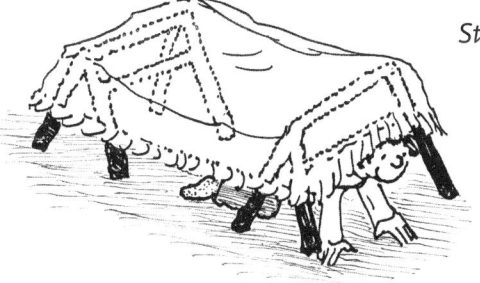

Station 2 – Hasenbau

Zwei Kletterböckchen werden mit einer Decke verhüllt.

Jedes Kind kriecht durch den „Hasenbau" hindurch.

Station 3 – Brücke am Bach

Unter einer Langbank viele kleine Bälle am Boden verteilen und einen Korb ans Ende der Bank stellen.

Jedes Kind legt sich mit ausgestreckten Armen auf die Bank (Brücke) und zieht sich mit den Händen vorwärts. Mit einer Hand angelt es sich einen Ball (Fisch), und legt ihn am anderen Ende der Bank in den Korb.

Station 4 – Teich
Eine Turnmatte am Boden mit einigen Faltfröschen darauf dient als „Teich"; 2–4 Rollbretter davorstellen.

Jedes Kind legt sich bäuchlings auf ein Rollbrett und umrundet damit einmal die Matte.

Bevor die letzte Runde beginnt, erklärt die Erzieherin den Kindern, wie die Einheit beendet wird:

- Zum Abschluss erklingt noch einmal Musik, alle Kinder laufen dazu mit flatternden Armbewegungen als Vögel durch den Raum (ohne die Aufbauten zu berühren). Sobald die Erzieherin die Tür öffnet, darf ein Vogel nach dem anderen „hinausfliegen".

Bewegungsstunde

Hoppeln, Fliegen, Schwimmen, Krabbeln

Material:
- eine Papierbahn mit aufgemalten, verschiedenfarbigen geometrischen Formen (Dreieck, Quadrat, Kreis) in unregelmäßiger Reihenfolge
- Krepp-Klebeband
- zwei Gymnastikreifen
- 5–6 m Seil oder 3–4 Springseile
- 2–3 Turnmatten
- evtl. Kasten oder Keil-Element

Vorbereitung: Die Papierbahn mit den geometrischen Formen im Vorfeld anfertigen. Vor der Bewegungsstunde die Stationen wie unten beschrieben und abgebildet im Bewegungsraum aufbauen.

So geht's: Dieser Parcours eignet sich am besten für 8–16 Kinder.

- Zum Aufwärmen ahmen die Kinder im aufgebauten Parcours die Bewegungen der Tiere nach, die die Erzieherin ausruft. Sie sollen dabei die einzelnen Bau-Elemente möglichst nicht berühren, sondern sich im „Slalom" zwischen ihnen, darüber, darunter hindurch oder rundherum bewegen.

- Hasen   Auf allen Vieren hoppeln
- Bienen   Mit einem weichen „S"-Laut herumsausen und immer wieder anhalten, um an einer Blüte Nektar zu naschen
- Vögel   Umherflattern und sich ab und zu in ein Nest kauern, danach wieder weiterfliegen
- Käfer   Mal langsam, mal schneller auf allen Vieren krabbeln
- Frösche   Abwechselnd Hüpfen und im Laufen mit den Armen Schwimmbewegungen ausführen; gelegentlich zum „Tauchen" bäuchlings auf den Boden legen und mit Armen und Beinen Tauchbewegungen machen

- Die Bewegungsstationen werden dreimal – mit jeweils unterschiedlichen Aufgabenstellungen – durchlaufen (jüngere Kinder bleiben evtl. bei einer oder maximal 2 verschiedenen Aufgabenstellungen). Gemeinsam werden zunächst alle fünf Stationen angeschaut und die Erzieherin erklärt, was dort jeweils zu tun ist. Evtl. macht sie (oder ein Kind, das dazu Lust hat) die Bewegungsaufgabe vor. Die fünf Stationen werden dann in Kleingruppen von 2–4 Kindern wie ein „Zirkel" mehrmals durchlaufen. Wenn nach einigen Durchläufen die Aufgabenstellung an den Stationen verändert werden soll, wird dies immer zuerst gemeinsam besprochen (s. o.). Zu Beginn stellt sich jede Kleingruppe vor einer der vier Stationen auf, dann kann es losgehen:

Station 1 – Blumenwiese
Die Papierbahn mit den geometrischen
Formen mit Klebeband am Boden fixieren.

1. Runde: nur die Kreise betreten
2. Runde: nur die Vierecke
3. Runde: nur die Dreiecke

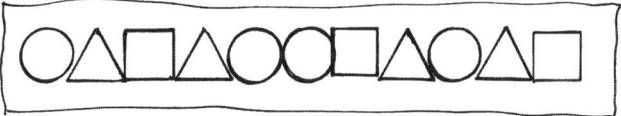

Station 2 – Vogelnest

Zwei Reifen auf den Boden legen

1. Runde: mit Flugbewegungen um den Reifen laufen
2. Runde: in den Reifen knien und drei Mal piepsen
3. Runde: auf dem Reifen gehen

Station 3 – Feldweg

Den Weg mit Klebeband am Boden markieren

1. Runde: auf der Linie hüpfen
2. Runde: im Zick-Zack springen
3. Runde: zwei Kletterböckchen (Hasenbau) auf die Linie stellen, sich hindurchducken und darübersteigen

Station 4 – Teich

Den Teich am Boden mit Seilen auslegen

1. Runde: auf einem Rollbrett liegend „durchtauchen"
2. Runde: sich kniend auf dem Rollbrett fortbewegen
3. Runde: wie ein Frosch durch den Teich hüpfen

Station 5 – Hügel:

Mit Matten und einem Kasten- oder Keil-Element eine leicht(!) schiefe Ebene bauen

1. Runde: hinunterkrabbeln
2. Runde: hinunterlaufen
3. Runde: sich mit einem Purzelbaum hinunterrollen

Tipp: Damit der Mattenhügel nicht nach vorne verrutschten kann, bauen Sie ihn am besten so auf, dass die Vorderkanten der Matten direkt an einer Wand anliegen. (Auslauf durch zusätzliche Matten verlängern!)

- Zum Abschluss verteilen sich die Kinder noch einmal im ganzen Raum. Die Erzieherin ruft abwechselnd die Namen der fünf Tierarten – die Kinder müssen schnell reagieren und die passende Bewegung ausführen. Zum Schluss darf ein Kind nach dem anderen den Raum als das Tier seiner Wahl verlassen.

Bewegungsstunde

Tücherparcours

Material:
- ruhige Musik auf CD
- CD-Spieler
- für jedes Kind ein Tuch
- 3–4 Turnmatten
- ein Kletterböckchen
- ein Leiter- und ein Rutsch-Element zum Einhängen
- (oder andere Bauteile für eine einfache „Rutschbahn")
- Sprossenwand
- ein Korb mit einigen kleinen Bällen
- ein Krabbeltunnel
- 2–3 Langstäbe
- 4 große Plastik-Kegel (Kegelspiel)

Vorbereitung: Vor der Bewegungsstunde die Stationen wie unten beschrieben und abgebildet im Bewegungsraum aufbauen.

So geht's: Der Parcours eignet sich für 10–20 Kinder.

- Zum Einstieg verteilen sich die Kinder im Bewegungsraum, legen sich am Boden auf den Rücken und schließen die Augen. Die Erzieherin kündigt den Kindern an, was gleich passieren wird: es erklingt ruhige Musik und sie legt einem Kind nach dem anderen sachte ein Tuch auf das Gesicht. Beim Musikstopp ziehen sich die Kinder das Tuch herunter und setzen sich auf. Die Erzieherin bittet die Kinder das Tuch genau zu befühlen, wer möchte, darf die Eigenschaften des Materials beschreiben. Nun sollen die Kinder das Tuch in beide Hände nehmen und es ganz darin verschwinden lassen – wenn sie die Hände langsam öffnen, quillt das Tuch hervor und entfaltet sich wie eine Blüte.

- Die fünf Stationen des Parcours werden in Kleingruppen von 2–4 Kindern wie ein „Zirkel" mehrmals durchlaufen. Die Erzieherin erklärt zunächst, was an den einzelnen Stationen zu tun ist. Evtl. macht sie (oder ein Kind, das dazu Lust hat) die Bewegungsaufgaben vor. Zu Beginn stellt sich jede Kleingruppe vor einer der vier Stationen auf, dann kann es losgehen:

Station 1

Aus Kletterböckchen, Leiter und Rutsche (oder aus anderen vorhandenen Bauteilen) eine stabile Rutsche bauen. Vorne und hinten Fallschutz mit Turnmatten auslegen.

Das Tuch auf die Rutsche legen, sich daraufsetzen und hinunterrutschen.

Station 2

Einen Korb mit kleinen Bällen bereitstellen und mit Krepp-Klebeband eine Schlangenlinie am Boden aufkleben.

Einen Ball herausnehmen, in das Tuch wickeln und entlang der geklebten Linie rollen. Danach den Ball wieder zurück in den Korb legen (alternativ: werfen).

Station 3

1–2 Matten vor die Sprossenwand legen.

Ein Tuch nehmen, auf die Sprossenwand klettern und das Tuch über die oberste Sprosse hängen. Dann wieder hinunterklettern, von unten den Zipfel des Tuches fassen, herunterziehen und das Tuch wieder auf den Boden fallen lassen.

Station 4

Den Krabbeltunnel aufbauen.

Das Tuch über den Kopf legen (die Sicht ist eingeschränkt). Vorsichtig durch die Rolle hindurchkrabbeln.

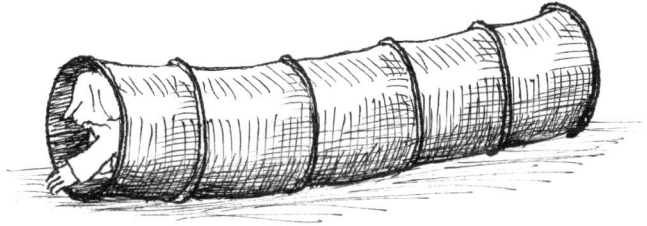

Station 5

Die Kegel in einer Reihe mit jeweils ca. 30–40 cm Abstand am Boden aufstellen. Am Startpunkt die Langstäbe bereitlegen.

Das Tuch auf den Boden legen; mit dem Langstab zwischen den Kegeln „Staub wischen".

- Zum Abschluss bietet sich ein Fangspiel an: Jedes Kind steckt sich einen Zipfel seines Tuches am Rücken in den Hosenbund. Nun laufen alle durch den Bewegungsraum und versuchen, möglichst viele Tücher von anderen Kindern zu schnappen, ohne selbst ein Tuch zu verlieren. Erhaschte Tücher werden sogleich in den eigenen Hosenbund gesteckt. Die Erzieherin gibt irgendwann das Schluss-Signal, wer dann die meisten Tücher hat, ist Sieger.

> Malgeschichte

Das Vogelnest

*Die Vogeleltern bau'n
ein Nest, klein und braun.*

*Vier Köpfchen schauen – ei der Daus!
– aus diesem Nest heraus.*

*Die Vögelchen reißen die Schnäbel weit auf.
Sie wollen Futter – nach Würmern sucht die Vogelmutter.*

*Jeden kleinen Kopf ziert ein weicher Federschopf
Dazu wache Äuglein mit hungrigem Blick:
„Mutter, wann kommst Du zurück?"*

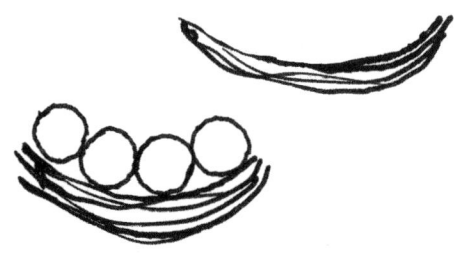
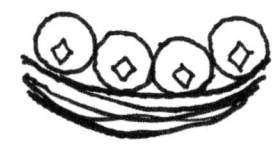

> Malgeschichte

Der Hahn

*Zuerst malen wir einen Kreis –
nun ist das Blatt nicht mehr weiß.*

*Darauf eine Krone, doch nicht zu klein.
Wir malen rote Farbe hinein.*

*Ein spitzer Schnabel, ein Auge dazu,
ich weiß, was daraus wird – und du?*

*Ein dicker Körper, ein Flügel mit Schwung
und hinten bunte Federn dran –
jetzt noch zwei Beine: Es ist ein Hahn!*

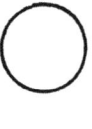

Bastelei

Hyazinthen auf der Wiese

Material:
- grünes Tonpapier
- Scheren und Klebstoff
- grüne Dispersionsfarbe
- breite Pinsel
- pro Kind zwei Holzspatel (z. B. Medizinbedarf)
- pro Kind ein leerer Margarine-Becher o. Ä.
- pro Kind einen Blumen-Steckschwamm in passender Größe
- Seiden- oder Krepppapier in Blau und Lila

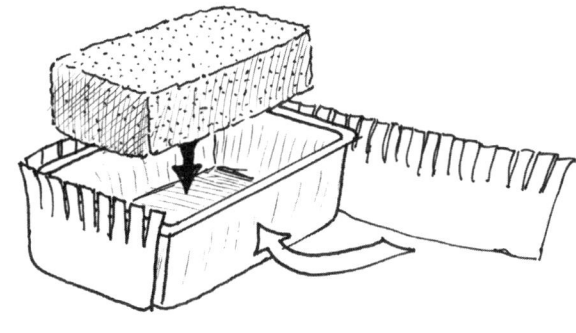

Vorbereitung: Das grüne Tonpapier in Streifen von 4 und 5 cm Breite zuschneiden. Alle Materialien bereitlegen.

So geht's: Zwei unterschiedlich breite Streifen grünes Tonpapier ca. 1,5 cm tief in kurzen Abständen einschneiden und in zwei Lagen als „Gras" um den Margarinebecher kleben. Aus dem Seiden- oder Krepppapier viele kleine Stücke reißen und diese zwischen den Handflächen zu Kugeln drehen. Jeden Holzspatel zu zwei Dritteln ringsherum mit Seidenpapierkugeln bekleben. Aus Tonpapier vier längliche Blätter ausschneiden. Jeweils zwei davon an die freien Spatel-Enden kleben. Den Steckschwamm in den Becher setzen (ggf. vorher zuschneiden) und die Hyazinthen hineinstecken. Den Becherrand und sichtbare Innenflächen sowie die Steckschwamm-Oberseite grün übermalen.

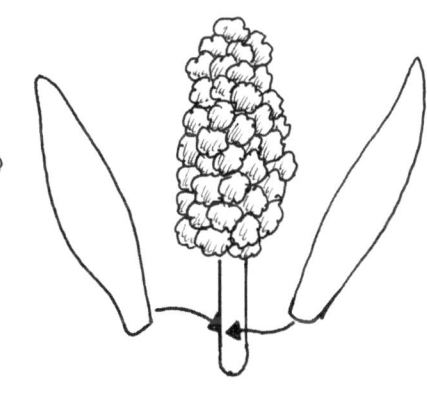

Bastelei

Tulpe

Material:
- für jedes Kind einen Luftballon
- rotes Transparentpapier
- Tapetenkleister
- breite Pinsel
- Scheren
- grüne Wellpappe, ca. 6 x 17 cm
- grünes Seiden- oder Krepppapier

Vorbereitung: Das Transparentpapier und die Wellpappe in ca. 10 cm breite Streifen schneiden. Vom Transparentpapier werden pro Kind etwa 10 Streifen, von der Wellpappe jeweils 1 Streifen benötigt.

So geht's: Einen Luftballon aufpusten und zuknoten. Den Ballon Stück für Stück ① mit einem breiten Pinsel einkleistern und eine Lage Transparentpapierstreifen ringsum überlappend aufkleben, bis von der Ballonhaut nichts mehr zu sehen ist. ② Das Ganze großzügig mit Kleister überpinseln, sodass das Papier ganz durchtränkt ist und danach gut trocknen lassen. Den Wellpappestreifen zu einem Sockelring zusammenkleben. ③ Das grüne Seidenpapier in kleine Stücke reißen und daraus Kugeln rollen. Mit einem schmalen Pinsel und Kleister den Tulpenstängel und die dazugehörenden Blätter auf den Sockel „malen" und die grünen Papierkugeln daraufsetzen. ④ Wenn das gekleisterte Papier ganz trocken ist, den Ballonknoten abschneiden und die Reste des Ballons entfernen. Die Hülle zu einer Tulpenblüte in Form schneiden ⑤ und auf den Wellpappering kleben. ⑥

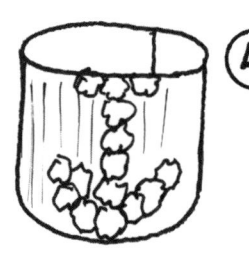

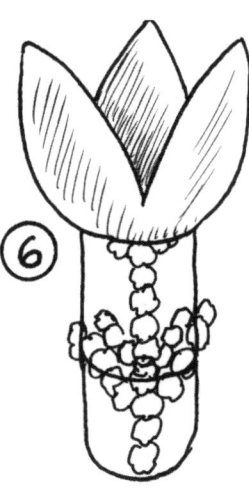

Bastelei

Osterhasen-Stab

Material:

- pro Kind ein runder Holzstab, Ø 5–10 mm, Länge 30 cm
- pro Kind eine Styroporkugel, Ø 6–7 cm
- Bast in Braun, Grau oder Weiß
- weißes Krepp- oder Seidenpapier
- schwarzer Filzstift
- braunes Krepppapier
- braune Wellpappe
- Scheren und Klebstoff
- breites Geschenkband in verschiedenen Farben

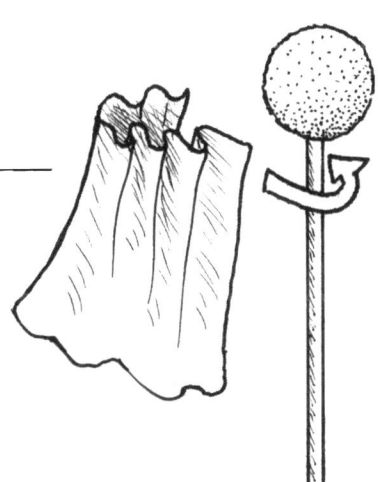

Vorbereitung: Das braune Krepppapier in ca. 15 cm breite Streifen schneiden (pro Kind ein Streifen).

So geht's: Die Styroporkugel braun bemalen und auf den Holzstab stecken. Einen braunen Krepppaperstreifen mit Klebstoff als „Kleid" unter der Styroporkugel an den Stab kleben. Mit einem Stück Geschenkband zusätzlich am Stab fixieren und eine hübsche Schleife binden. Zwei lange Ohren aus Wellpappe ausschneiden und ankleben. Augen aus weißen Seidenpapier-Kugeln anbringen. Einige Bastreifen als Schnurrbart mit einer dreieckigen Stück Seidenpapier als Nase aufkleben. Darunter noch zwei „Hasenzähne" aus Seidenpapier ankleben. Mit dem schwarzen Filzstift Pupillen auf die Augen malen und das Gesicht nach Wunsch mit einem Lachmund versehen Dieser Osterhase kann als Stabpuppe aber auch als Schmuckstecker für Garten und Blumentopf verwendet werden.

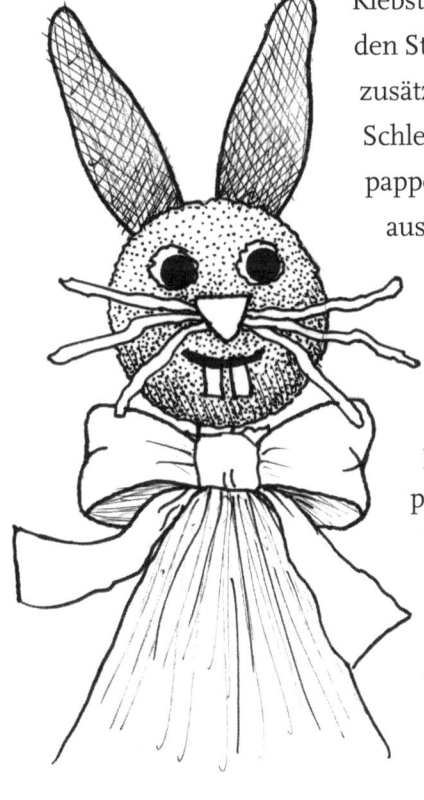

Bastelei

Hahnenkörbchen

Material:

- braune Wellpappe oder brauner Fotokarton
- Tonpapier in Blau, Rot, Gelb, Grün, und Orange
- Scheren und Klebstoff

Vorbereitung: Den Körbchen-Faltschnitt nach Vorlage ① aus brauner Wellpappe zuschneiden. Je 3 Tonpapierstreifen in allen vorhandenen Farben zu 15 x 5 cm großen Rechtecken schneiden. Augen, Schnabel und Kamm ② aus rotem und blauen Tonpapier zuschneiden.

So geht's: Mit Bleistift auf der Wellpappe die gestrichelten Linien nachziehen und die Ränder entlang dieser Linien nach oben knicken. Die Ecken einschneiden und festkleben.

Die bunten Tonpapier-Rechtecke jeweils auf einer Schmalseite mit der Schere abrunden und dann ca. 10 cm lange und 5mm breite Streifen einschneiden ③. Diese Fransen über die geschlossene Schere ziehen, sodass sie eine leicht gebogene Form erhalten.

Jeweils drei verschiedenfarbige „Fransenpapiere" aufeinanderlegen und an beiden Querseiten des Körbchens sowie an der schmalen Rückseite je ein solches Bündel als bunte Federn festkleben.

Das Kopfteil mit Augen, Kamm und Schnabel aus Tonpapier bekleben.

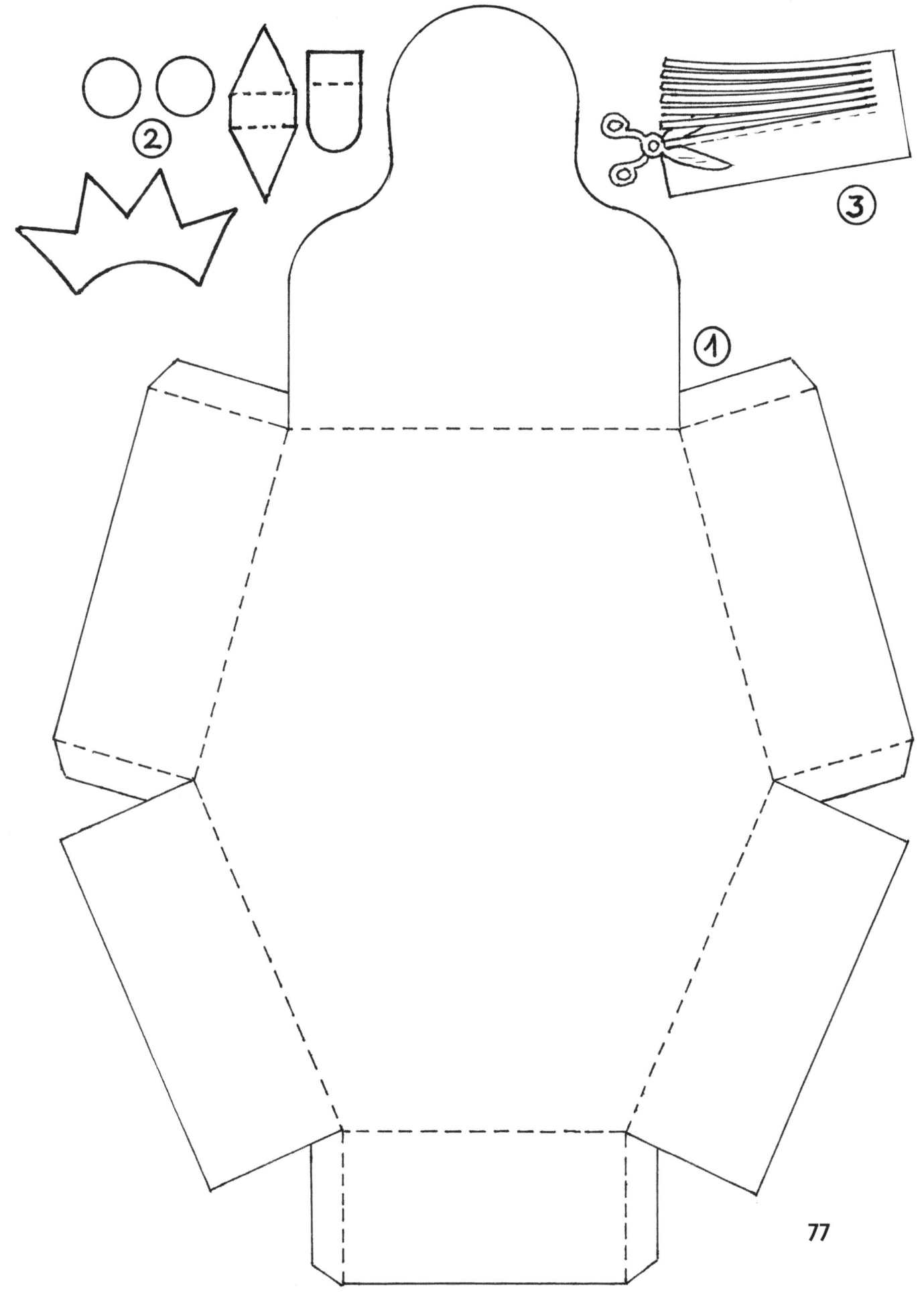

Faltanleitung
Frösche und Vögel

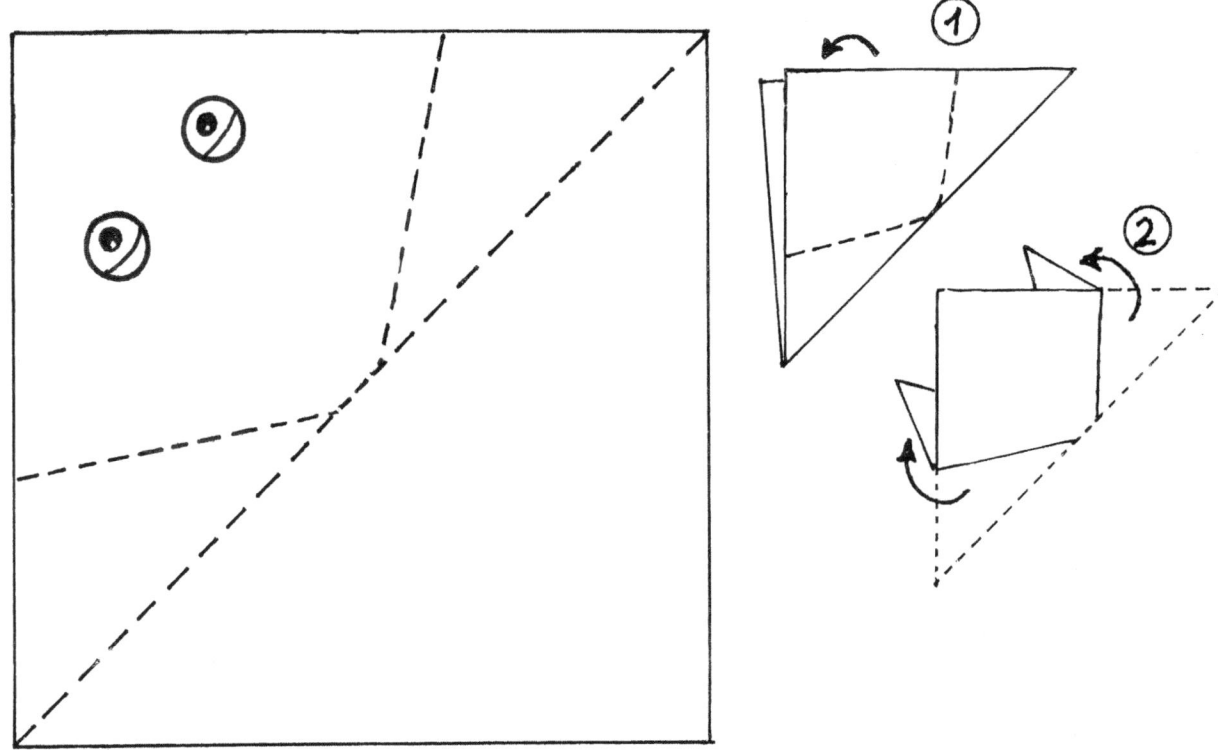

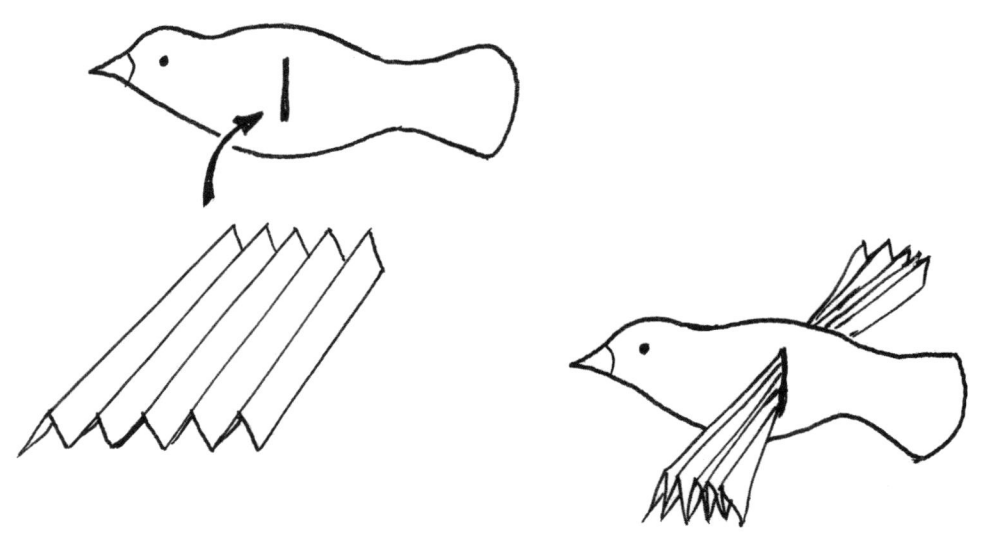

Mit Alltagsmaterialien spielen
Für Kinder von 3 bis 7 Jahren

- Starkes Thema zum kleinen Preis
- Einfach aufschlagen und loslegen

Jutta Bläsius
Wolle, Knöpfe, Schachtelspaß
Spiele mit Alltagsmaterialien
80 Seiten I Kartoniert
ISBN 978-3-451-32422-2

Mit einfachen Alltagsmaterialien wie Büroklammern, Schnürsenkeln, Schachteln u. v. m. können Kinder die tollsten Spiele erleben. Wie die Dinge des Alltags z. B. die kindliche Wahrnehmung, Konzentration und Feinmotorik fördern, zeigt dieses gut strukturierte Praxisbuch mit einfach umsetzbaren Spielideen.

In jeder Buchhandlung oder unter www.herder.de

HERDER
Lesen ist Leben

Kreisspiele für jeden Tag

Alte und neue Spiele für Kinder von 2 bis 7 Jahren

- Für Kinder von 2 bis 7 Jahren
- Erfolgreiche Autorin

Brigitte Wilmes-Mielenhausen
Die Katze tanzt im Kreis herum ...
Alte und neue Kreisspiele
80 Seiten I Kartoniert
ISBN 978-3-451-32419-2

Mit viel Spaß und Abwechslung werden Kinder mit den Kreisspielen dieses Buchs ganzheitlich gefördert. Hier finden sich viele altbekannte und neue Kreisspiele zum Bewegen, Singen und Tanzen sowie zu Jahreszeiten und Festen. Spiele zur Förderung der Sprache, der Wahrnehmung und Konzentration runden die Angebotspalette sinnvoll ab.

In jeder Buchhandlung oder unter www.herder.de

HERDER
Lesen ist Leben